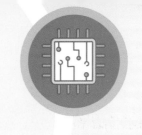

# 앱인벤터로 20가지
# 인공지능 앱 만들기
## with **ChatBot**과 **생성형AI**

wrtn. :Padlet

ChatGPT

앤써북
ANSWERBOOK

# 앱인벤터로 20가지
# 인공지능 앱 만들기

## with ChatBot과 생성형AI

➡ 챗GPT, 뤼튼, 패들렛 활용

**1판 1쇄 발행** | 2024년 12월  10일

**지은이** | 김수연, 전진아, 장문철 공저
**펴낸이** | 김병성
**펴낸곳** | 앤써북

**출판사 등록번호** | 제 382-2012-0007 호
**주소** | 경기도 파주시 탄현면 방촌로 548
**전화** | 070-8877-4177
**FAX** | 031-942-9852
**도서문의** | 앤써북 http://answerbook.co.kr

**ISBN** | 979-11-93059-41-8 13000

[안내]
• 이 책은 다양한 전자 부품을 활용하여 예제를 실습할 수 있습니다. 단, 전자 부품을 잘못 사용할 경우 파손 외 2차적인 피해
  가 발생할 수 있으니, 실습 시 반드시 책에서 표시된 내용을 준수하여 사용해야 함을 고지합니다.
• 이 책에 내용을 기반으로 실습 및 운용 결과에 대해 저자, 소프트웨어 개발자 및 제공자, 앤써북 출판사, 서비스 제공
  자는 일체의 책임지지 않음을 안내드립니다.
• 이 책에 소개된 회사명, 제품명은 각 회사의 등록 상표 또는 상표이며 본문 중 TM, ©, ® 마크 등을 생략하였습니다.
• 이 책은 소프트웨어, 플랫폼, 서비스 등은 집필 당시 신 버전으로 설명하였습니다. 단, 독자의 학습 시점에 따라 책의
  내용과 일부 다를 수 있습니다.

# Preface
머리말

매일 사용하는 스마트폰을 사용하는 유저에서 서비스를 제공하는 생산자가 되어 보세요. 앱인벤터를 활용하면 코딩 경험이 전혀 없어도 앱 개발을 할수 있으며, 인공지능 기능을 쉽게 구현할 수 있습니다.

20개의 작품을 실습하면서 누구나 일상의 문제를 탐색하고 해결하고 싶은 아이디어를 생각해 낼 수 있습니다. 단순한 앱인벤터의 기슬적 능력을 습득할 뿐만 아니라 끊임없이 변화는 기술 세계와 문제를 해결하기 위한 혁신적인 사고를 얻을 수 있는 특별한 경험을 해보시기 바랍니다.

김수연

이 책을 통해 여러분은 복잡한 코딩 지식 없이도 직접 앱을 만들 수 있는 즐거움을 경험하게 될 것입니다. 앱 인벤터의 직관적인 블록 코딩 방식은 마치 레고 블록을 쌓듯 쉽고 재미있게 앱을 만들 수 있도록 도와줍니다.

특히 이 책에서는 인공지능 기술을 앱에 접목하는 방법을 자세히 다루었습니다. 어렵게만 느껴졌던 인공지능을 앱 인벤터와 함께라면 누구나 쉽게 활용할 수 있습니다. 챗봇, 이미지 인식, 음성 인식 등 다양한 인공지능 기능을 활용하여 나만의 특별한 앱을 만들어 보세요.

이 책이 여러분의 창의적인 아이디어를 현실로 만들어 드리는 데 작은 도움이 되기를 바랍니다.

앱 개발의 세계로 떠나는 즐거운 여정을 이 책과 함께 시작해보세요!

전진아

이 책은 앱인벤터를 이용해 다양한 인공지능 작품을 직접 만들어 보면서 인공지능과 앱 개발에 흥미를 느끼고, 이를 통해 창의적인 아이디어를 현실로 구현할 수 있는 능력을 키우는 것을 목표로 합니다. 독자 여러분이 앱인벤터의 기본적인 사용법부터 인공지능의 원리까지 단계적으로 이해하고, 학습 과정에서 성취감을 느낄 수 있도록 구성하였습니다. 이 책을 통해 앱인벤터와 인공지능의 흥미로운 세계에 한 걸음 더 다가가시기를 바랍니다.

장문철

# 책 소스 다운로드 / 정오표 / Q&A / 긴급 공지

이 책의 실습에 필요한 책 소스 파일 다운로드, 정오표, Q&A 방법, 긴급 공지 사항 같은 안내 사항은 앤써북 공식 카페의 [종합 자료실]에서 [도서별 전용 게시판]을 이용하시면 됩니다.

앤써북 네이버 카페에서 [종합 자료실] 아이콘(❶)을 클릭한 후 종합자료실 게시글에 설명된 표에서 211번 목록 우측 도서별 전용 게시판 링크 주소(❷)를 클릭하거나 아래 QR 코드로 바로가기 합니다. 도서 전용 게시판에서 설명하는 절차로 책소스 파일 다운로드, 정오표, Q&A 방법 등을 안내 받을 수 있습니다.

▶ 앤써북 공식 네이버 카페 종합자료실 https://cafe.naver.com/answerbook/5858

▶ 도서 전용게시판 바로가기 https://cafe.naver.com/answerbook/7192

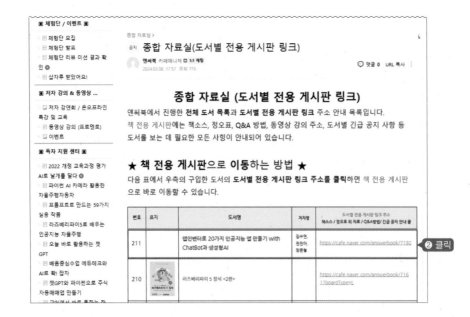

### 앤써북 공식 체험단

앤써북에서 출간되는 도서와 키트 등 신간 책을 비롯하여 연관 상품을 체험해 볼 수 있습니다. 체험단은 수시로 모집하기 때문에 앤써북 카페 공식 체험단 게시판에 접속한 후 "즐겨찾기" 버튼(❶)을 눌러 [채널 구독하기] 버튼(❷)을 눌러 즐겨찾기 설정해 놓거나, 새글 구독을 우측으로 드래그하여 ON으로 설정해 놓으면 새로운 체험단 모집 글(❸)을 메일로 자동 받아보실 수 있습니다

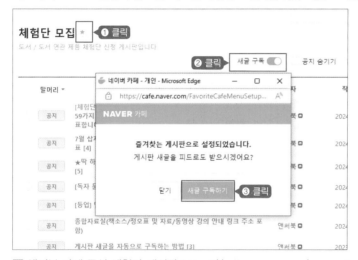

➡️ 앤써북 카페 공식 체험단 게시판 https://cafe.naver.com/answerbook/menu/150

▲ 체험단 바로가기 QR코드

### 저자 강의 안내

앤써북에서 출간된 책 관련 주제의 온·오프라인 강의는 특강, 유료 강의 형태로 진행될 예정입니다. 강의 관련해서는 아래 게시판을 통해서 확인해주세요. "앤써북 저자 강의 안내 게시판"을 통해서 앤써북 저자들이 진행하는 다양한 온·오프라인 강의를 확인할 수 있습니다.

➡️ 앤써북 강의 안내 게시판 https://cafe.naver.com/answerbook/menu/144

▲ 저자 강의 안내 게시판 바로가기 QR코드

# Contents
목 차

CHAPTER **01**

# 앱 인벤터
# 살펴보기

# Contents
목 차

CHAPTER

# 쉽게
# 시작하는
# 앱 만들기

# Contents
목 차

# Contents
목 차

CHAPTER

# 인공지능 앱 만들기

# Contents
목 차

CHAPTER

# 생성형 AI를 활용한 앱 만들기

# Contents
목 차

# CHAPTER

# 앱 인벤터
# 살펴보기

# 앱 인벤터 살펴보기

## 앱 인벤터(App inventor)란?

앱 인벤터는 누구나 쉽게 앱을 만들 수 있도록 도와주는 시각적인 프로그래밍 도구입니다. 마치 레고 블록을 쌓듯이 다양한 기능을 가진 블록들을 연결하여 앱을 만들 수 있기 때문에 별도의 복잡한 코딩 지식 없이도 나만의 앱을 개발할 수 있다는 장점이 있습니다.

앱 인벤터는 [디자이너]와 [블록]이라는 두 가지 영역을 통해 누구나 쉽게 앱을 만들 수 있도록 지원합니다. [디자이너]에서 앱의 외형을 디자인하고 [블록]에서 앱의 기능을 구현하여 완성된 앱을 만들 수 있습니다.

[디자이너]

[블록]

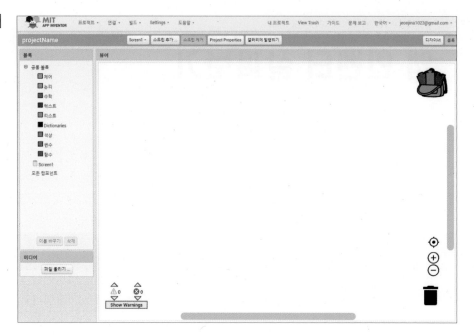

## 앱 인벤터의 발전 과정은?

MIT 앱 인벤터(MIT App Inventor)는 원래 구글이 제공한 오픈 소스 웹 애플리케이션으로 지금은 매사추세츠 공과대학교(MIT)에 의해 관리되고 있습니다.

앱 인벤터는 누구나 쉽게 앱을 만들 수 있도록 하는 목표로 꾸준히 발전해왔습니다.

### ❶ 초기 개발 및 공개 (2010년)

구글의 Hal Abelson과 Mark Friedman에 의해 개발되었습니다. 블록 기반 프로그래밍으로 시각적인 블록을 연결하여 앱을 만드는 새로운 방식을 선보였습니다.

### ❷ MIT로 이전 및 오픈 소스화 (2011년)

구글이 앱 인벤터 개발을 중단하고 소스 코드를 공개했습니다.

앱 인벤터 개발팀이 MIT로 옮겨 개발을 이어갔습니다. 그 후 누구나 자유롭게 사용하고 수정할 수 있도록 오픈 소스로 전환되었습니다.

### ❸ 앱 인벤터2 출시 (2013년)

다양한 기능과 향상된 성능을 제공하는 앱 인벤터 2가 출시되었습니다.

클라우드 기반 개발 환경으로 웹 브라우저에서 언제 어디서든 개발이 가능해졌고 컴퓨팅 교육에 활용하기 위한 다양한 기능이 추가되었습니다.

**❹ 현재까지의 발전 (2024년 10월 현재)**

새로운 기능 추가, 버그 수정 등 지속적인 업데이트를 통해 더욱 안정적이고 편리한 개발 환경을 제공합니다. 전 세계적으로 많은 사용자들이 앱 인벤터를 활용하여 다양한 앱을 개발하고 있으며, 활발한 커뮤니티를 통해 정보를 공유하고 있습니다.

학교 교육, 코딩 교육 프로그램 등에서 교육 분야에서 앱 인벤터가 널리 활용되고 있습니다.

**❺ 앱 인벤터의 미래**

머신러닝, 자연어 처리 등 인공지능 기술과 결합하여 더욱 스마트한 앱 개발이 가능해질 것으로 예상됩니다. 안드로이드뿐만 아니라 iOS, 웹 등 다양한 플랫폼을 지원하는 방향으로 발전할 수 있습니다. 이렇듯 앱 인벤터는 지속적인 발전을 통해 누구나 쉽고 재미있게 앱을 만들 수 있는 환경을 제공하고 있습니다. 앞으로 앱 인벤터가 어떻게 발전해 나갈지 기대됩니다.

## 앱 인벤터의 주요 기능은?

| 기능 | 설명 |
|---|---|
| 블록 기반 프로그래밍 | – 복잡한 코드 대신 시각적인 블록을 연결하여 앱의 로직을 구성합니다.<br>– 마우스로 드래그 앤 드롭 방식으로 간편하게 블록을 조립하여 코딩합니다. |
| 다양한 컴포넌트 제공 | – 버튼, 레이블, 이미지, 텍스트 입력 상자 등 다양한 UI 컴포넌트를 제공하여 사용자 인터페이스를 구성할 수 있습니다.<br>– 센서, 카메라, GPS 등 다양한 기기 기능을 활용할 수 있는 컴포넌트도 제공합니다. |
| 실시간 미리보기 | – 개발 중인 앱을 실시간으로 스마트폰이나 에뮬레이터에서 미리 확인할 수 있습니다.<br>– 개발 과정에서 바로바로 결과를 확인하며 수정할 수 있어 효율적입니다. |
| 오픈 소스 | – 누구나 무료로 사용할 수 있는 오픈 소스 도구입니다.<br>– 다양한 커뮤니티를 통해 정보를 공유하고 도움을 받을 수 있습니다. |
| 교육용으로 활용 | – 프로그래밍 입문자나 학생들에게 컴퓨팅 사고력을 키우고 코딩에 대한 흥미를 높이는 데 효과적입니다.<br>– 엔트리, 스크래치와 유사한 방식으로, 쉽고 재미있게 프로그래밍을 배울 수 있습니다. |

## 앱 인벤터로 만들 수 있는 앱 예시

- 간단한 게임: 숫자 맞추기 게임, 미로 찾기 게임 등
- 계산기: 사칙연산, 단위 환산 등
- 메모 앱: 간단한 메모 작성 및 관리
- 퀴즈 앱: 다양한 주제의 퀴즈 만들기
- 센서 활용 앱: 가속도 센서, 조도 센서 등을 활용한 다양한 앱 등

아이디어만 있다면 다양한 창의적이면서 실생활에 도움이 될 수 있는 앱을 개발할 수 있습니다.

## 앱 인벤터의 장점·단점은?

| 장점 | – 쉬운 학습: 프로그래밍 경험이 없어도 쉽게 시작할 수 있습니다.<br>– 빠른 개발: 짧은 시간 안에 간단한 앱을 만들 수 있습니다.<br>– 다양한 활용: 교육, 취미, 사업 등 다양한 분야에서 활용 가능합니다.<br>– 무료: 누구나 무료로 사용할 수 있습니다. |
|---|---|
| 단점 | – 복잡한 앱 개발에는 한계: 고급 기능을 구현하거나 복잡한 알고리즘을 사용하는 앱 개발에는 어려움이 있을 수 있습니다.<br>– 안드로이드 앱에 최적화 되어있습니다. (iOS 앱 개발에 일부 기능의 제한을 수 있습니다.) |

앱 인벤터는 2021년 3월부터 iPhone 및 iPad와 함께 작동했으며, 그 이후로 더 많은 기능을 추가했습니다. 튜토리얼 목록에 있는 대부분의 앱은 iOS Companion 앱에서 잘 작동합니다.

(예외 사항 및 향후 작업이 궁금하다면 https://appinventor.mit.edu/ios_tips 에서 확인하세요.)

이제 iOS 기기용 앱을 만들고, 테스트하고, 공유할 수 있습니다.

결론적으로, 앱 인벤터는 프로그래밍 초보자부터 전문가까지 누구나 쉽고 빠르게 앱을 개발하고 싶을 때 유용한 도구입니다. 앱 인벤터를 활용하여 다양한 아이디어를 구현하고, 앱 개발의 재미를 느껴보세요!

## 앱 인벤터의 앱 개발 과정은?

| Step 01 계정 생성 및 로그인 | 앱 인벤터 웹사이트에 접속하여 구글 계정을 사용해 로그인합니다. |

⬇

| Step 02 새 프로젝트 만들기 | 대시보드에서 "새 프로젝트" 버튼을 클릭하여 앱의 이름을 정하고 새로운 프로젝트를 시작합니다. |

⬇

| Step 03 UI 디자인 | 화면 구성 요소(버튼, 텍스트박스, 이미지 등)를 드래그 앤 드롭하여 앱의 사용자 인터페이스를 디자인합니다. 각 구성 요소의 속성을 설정하여 원하는 형태로 조정합니다. |

⬇

| Step 04 블록 프로그래밍 | [블록] 탭으로 이동하여 프로그래밍 로직을 구성합니다.<br>다양한 블록을 조합하여 앱의 기능을 정의하고, 사용자 입력에 대한 반응을 설정합니다. |

⬇

| Step 05 테스트 | 앱 인벤터의 "AI2 Companion" 앱을 사용하여 실시간으로 개발 중인 앱을 테스트합니다. 실제 안드로이드 기기에서 앱의 동작을 확인하고 수정합니다. |

⬇

| Step 06 디버깅 | 테스트 중 발견된 오류를 수정하고, 앱의 기능을 개선합니다. |

⬇

| Step 07 배포 | 앱이 완성되면, App APK 파일로 저장하고, 이를 다른 사용자와 공유하거나 구글 플레이 스토어에 배포할 수 있습니다. |

이 과정을 통해 비전문가도 손쉽게 앱을 개발할 수 있습니다.

# 인공지능이란 뭘까?

우리가 살아가고 있는 이 세상을 흔히 4차 산업혁명의 시대라고 표현합니다. 그리고 4차산업혁명의 시대는 우리가 상상하는 것보다 더 빠른 속도로 발전하고 있고, 그것을 가능하게 하는 것 중 하나 인공지능이라고 할 수 있습니다.

그럼, 인공지능이란 무엇일까요?
기계가 인간이 잘할 수 있는 인식, 지각, 추론 같은 것들을 할 수 있도록 즉, 인간의 지능적인 행위를 흉내 낼 수 있도록 만든 소프트웨어 시스템을 'AI(Artificial Intelligence)' 또는 '인공지능'이라고 말합니다. 빅데이터와 발전된 컴퓨팅 파워를 기반으로 알려진 학습기술을 통해 기계가 스스로 학습하고 이런 학습의 결과가 인간에게 이롭게 사용될 수 있는 기술을 의미한다고 할 수 있습니다.

인간의 학습능력, 추론능력, 지각능력, 자연어의 이해능력 등을 컴퓨터 프로그램으로 구현하기위한 인공지능의 연구 분야 중에서도 기계학습, 딥러닝이 큰 성과를 내고 있고, 이런 기계학습과 딥러닝은 데이터과학, 빅테이터, 컴퓨터 과학의 다른 분야와 직간접적으로 많은 연관을 맺고 있습니다.

## 인공지능은 언제부터 시작되었을까요?

인공지능의 역사는 1940년대에 시작하여 1950년 앨런튜링이 인공지능이 사람과 같은 지능을 가졌는지를 테스트할 수 있는 튜링 테스트를 사용한 태동기를 시작으로 1970년대 초까지 활발한 연구가 펼쳐졌습니다. 이 시기에는 인공신경망의 한 종류인 퍼셉트론의 고안을 시작으로 많은 연구들이 성과를 인정받은 인공지능 황금기를 맞이합니다. 그러나 그런 이론들을 실행할 하드웨어 성능의 한계에 부딪히면서 인공지능에 대한 투자와 연구가 감소하는 시기를 두 번 맞이 하게 됩니다. 그 이후 정보통신 기술의 발달을 통해 많은 양의 데이터를 짧은 시간에 모을 수 있게 되었고, 이런 데이터를 연산처리하기 위한 하드웨어의 파워가 급격히 성장함으로써 기계가 학습을 하고 인간의 신경망을 구현하는데 큰 효과를 거두게 되면서 인공지능은 급속도로 발전하게 됩니다.

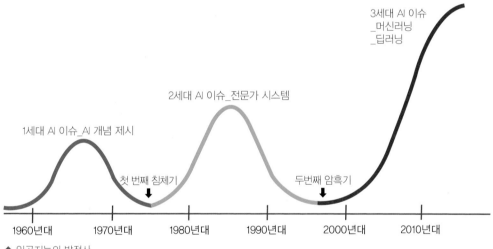

◆ 인공지능의 발전사

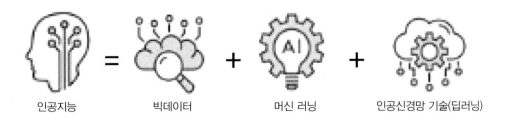

## 인공지능과 우리생활, 인공지능이 가져올 미래

우리 주변에는 우리가 인식하는 인공지능을 비롯하여 인식하지 못하지만 매일 이용하고 있는 인공지능 서비스가 많이 있습니다. 바로 인공지능과 인간지능이 공존하는 시대가 도래했습니다. 이런 인공지능 시스템은 의료, 금융, 스마트홈, 교통, 제조, 도시관리 등 우리 일상생활에서 다양하게 사용되고 있으며 없어서는 안될 중요한 기술로 자리 잡았다고 할 수 있습니다.

우리가 매일 사용하는 핸드폰에도 인공지능 기술이 있습니다. 핸드폰에 내장되어있는 인공지능 스피커나 음성인식 서비스, 안면인식을 통한 얼굴인식 잠금장치, 결제서비스 등이 대표적인 기술이 될 것입니다.

AI 스피커는 음성을 검색, 필요한 컨텐츠를 즐기는 정도에서 발전하여 금융서비스, 장애인의 정보 접근성을 높이기, 호텔이나 음식점 등의 각종 서비스 직종에서 활용되고 있습니다. 이는 자연어 처리분야가 눈부시게 발전함에 따라 사람의 언어를 잘 알아 듣게 되어 가능하게 되었다고 할 수 있습니다.

| AI 스피커 종류 | AI 스피커 이름 | 제조사 | 특징 |
|---|---|---|---|
| | 홈 | 구글 | 구글 어시스턴트 탑재, 글로벌 점유율 2위, LG 전자 연계 서비스 |
| | 갤럭시 홈 | 삼성전자 | 비스비 2.0 탑재, 스피커 기능 강화 |
| | 누구 | SK 텔레콤 | 국내 첫 AI 스피커, 100개 제휴사 연계 서비스 |
| | 기가지니 | KT | IPTV 연계해 시작·청각 정보 제공 기능 |
| | 우리집 AI | LG 유플러스 | 네이버 AI 플랫폼 활용, IPTV와 연계 가능 |

또한 우리가 사용하는 컴퓨터 검색에도 인공지능 알고리즘이 사용됩니다. 내가 자주 사용하는 검색 내용에 따라 연관된 내용을 우선 순위로 노출시켜줍니다.

예를 들어, 'java'라는 단어를 검색했을 때 사용자의 사용패턴에 따라 소프트웨어가 검색될 수도 있고, 커피가 검색될 수도 있습니다.

유튜브는 인공지능 기술을 이용해 전 세계 이용자들의 개별 특성을 분석하고 좋아하는 성향의 영상을 제공하는 알고리즘을 사용합니다. 사용자가 어떤 영향을 얼마 시간동안 재생했는지 어떤 경로로 접속했는지 등 다양한 데이터를 확보하여 맞춤 콘텐츠를 제공하고 추천합니다. 그리고 그 사용자가 검색한 경험이 있다거나, 성향에 맞을 만한 맞춤형 광고를 노출시켜줍니다.

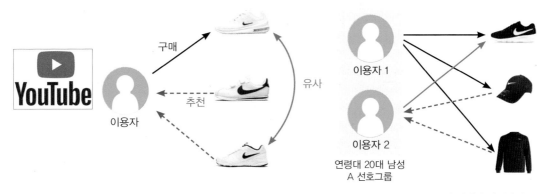

자율주행자동차를 구현하는 기술 역시 인공지능 기술이 많이 포함되어 있습니다. 자율주행자동차란 차량이 인프라 및 통신기술과 유기적으로 결합해 되어 운전자의 개입 없이도 스스로 운행이 가능한 것을 말합니다. 이것은 인공지능, 빅데이터, 고성능의 SW/HW, 센서 등 첨단 기술이 복합적으로 사용된다고 할 수 있습니다.

## 인공지능 교육

인간이 그동안 직접해오던 많은 일이 인공지능에 의해 자동으로 이루어지고 있습니다. 인공지능은 인간의 작업을 더 효율적으로 할 수 있게 해줄 뿐만 아니라 과거에 불가능했던 새로운 작업도 가능하게 해줍니다. 이것은 디지털 기반의 새로운 인프라 위에서 우리 생활이 새롭게 만들어지고 있다는 것을 의미합니다. 새로운 세상을 살아갈 우리는 미래사회를 이해하고 구성원으로서의 역할을 하기 위해서는 소프트웨어와 인공지능에 대한 소양과 역량이 필요하게 되었습니다. 인공지능의 혜택을 누리기 위해 필요한 지식과 기능을 배우고 인공지능과 함께 살아가기 위해서 필요한 가치와 삶을 배우는 교육이 반드시 필요한 이유입니다.

## 인공지능의 연구분야

우리는 인공지능 소프트웨어 시스템이 일상생활에서 다양하게 사용되고 있음을 살펴보았습니다. 인간은 스스로 사물을 이해, 인지하고, 주변 환경의 변화를 인식, 그에 대해 유연성 있게 반응하고 적응하는 과정을 거치면서 경험에 의해 스스로 학습할 수 있습니다. 기계도 이러한 과정을 거치면 인간처럼 생각하고 판단하며 행동할 수 있도록 구현하는 기술이 인공지능입니다.

인간이 특정분야에 대한 전문적인 지식을 정리하고 표현하여 컴퓨터에 기억시켜서 사용하거나 특정한 규칙에 따라 작동하는 인공지능에서부터 컴퓨터가 데이터를 통해 스스로 학습하여 예측이나 판단을 제공하는 기술인 머신러닝(Machine Learning), 인간의 신경망 알고리즘을 활용하는 기술인 딥러닝(Deep Learning)기술로 나누어 볼 수 있습니다. 머신러닝과 딥러닝은 이러한 인공지능 범위 안에 있는 핵심요소라고 보면 됩니다.

머신러닝은 인간이 하기에는 어려운 작업을 대신 수행할 수 있도록 인간이 특징을 추출할 수 있는 알고리즘을 인간이 직접 제공하여 기계를 학습시켜 만듭니다. 반면 딥러닝은 다양한 상황들을 기계가 스스로 판단하여 데이터를 직접 처리할 수 있는 것이 차이점입니다.

**인공지능 〉머신러닝 〉딥러닝**

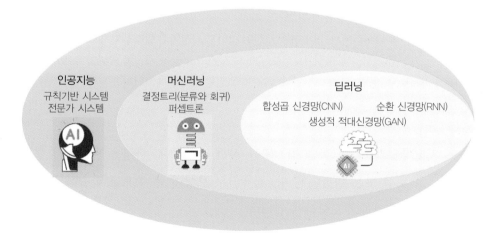

그 중 기계학습(Machine Learning, 머신러닝)은 다음 그림과 같이 지도학습, 비지도학습, 강화학습으로 나눌 수 있습니다.

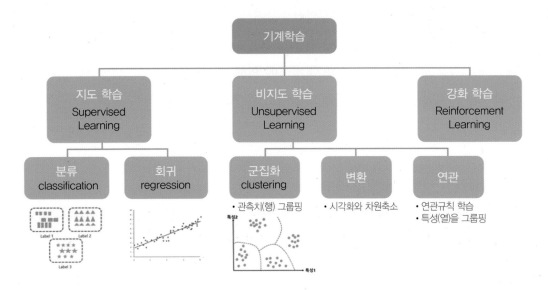

첫째, 지도학습은 문제와 정답을 모두 주고 학습시키는 방법으로 학습한 데이터의 양이 많을수록 정확한 결과를 얻을 수 있습니다.

**예** 수많은 강아지와 고양이 사진을 주고 각각의 사진이 강아지인지 고양이인지 일일이 정답을 알려준 후 강아지 또는 고양이 사진을 주었을 때 그 사진이 강아지인지 고양이인지 맞출 수 있도록 합니다.

둘째, 비지도학습은 답을 가르쳐주지 않고 데이터만 제공하여 기계가 데이터간의 특성을 나누어 패턴을 알아내어 그룹별로 분류합니다.

**예** 강아지 사진과 고양이 사진을 보여주면서 굳이 어떤 사진이 강아지 사진인지 알려주지 않더라도 눈 모양, 귀 모양, 꼬리 모양 등 강아지나 고양이 특징만으로도 강아지 사진과 고양이 사진을 구분할 수 있습니다. 이렇게 정답을 미리 알려주지 않더라도 데이터의 특성을 파악하여 유사한 데이터끼리 분류하는 것을 '군집화'라고 합니다.

셋째, 강화학습은 지도학습과 비지도학습 방식과는 전혀 다릅니다. 환경을 관찰해서 행동을 시행하고 그 결과로 보상 또는 벌점을 주며, 컴퓨터는 보상이 큰 쪽으로 학습하게 되며 다양한 시도를 통해 최적의 결과에 도달하게 됩니다.

**예** 인공지능과 세기의 바둑 대결로 잘 알고 있는 인공지능 바둑 프로그램인 '알파고'가 강화학습으로 만들어진 대표적인 예입니다. 알파고는 16만 건의 바둑 기보를 스스로 학습해 수많은 경우의 수, 즉 시행착오를 거치는 학습을 통해 바둑 대결에서 이길 수 있는 최적의 값을 찾아 가장 좋은 수를 두게 됩니다.

## 인공지능 모델 만들기

### ❶ 모델 생성하기

컴퓨터가 학습을 한 데이터를 바탕으로 새로운 데이터에 대한 판단(분류 및 예측)을 내릴 수 있는 상태로 만드는 것을 "모델을 생성한다."라고 표현합니다.

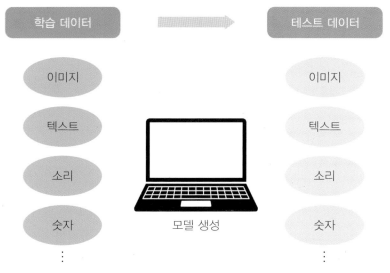

◆ 모델 생성하기

### ❷ 모델 생성 방법 학습하기

데이터들의 특징을 파악하고 구분하여 학습한 다음, 새로운 데이터가 왔을 때 분류하고 예측할 수 있는 모델을 만드는 방법으로 지도학습, 비지도학습, 강화학습이 있습니다.

### 지도학습

데이터와 결과 레이블을 함께 제공하여 학습시키는 방법을 '지도학습(Supervised Learning)'이라고 합니다.

· 지도학습 사례

다음 예시는 강아지 사진과 고양이 사진을 분류하여 각각 강아지와 고양이라고 훈련시키면 훈련된 자료에 지도학습 알고리즘은 나름대로 정답을 학습합니다. 이후 고양이 사진을 보게 되면 고양이라고 구분할 수 있는 모델이 됩니다.

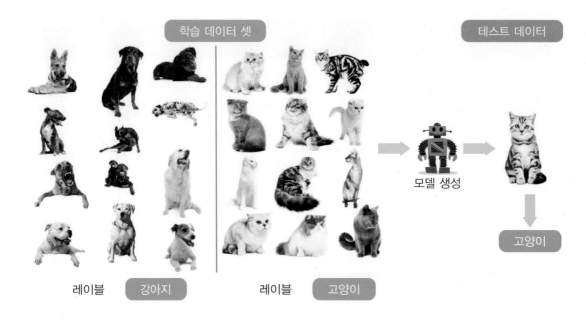

테스트 데이터

모델 생성

고양이

레이블 강아지

레이블 고양이

## 비지도학습

학습할 데이터들의 레이블을 제공하지 않고 학습시킨 후 데이터들 간의 특징을 파악하여 그룹화해서 분류하는 방법을 '비지도학습(Unsupervised Learning)'이라고 합니다.

• 비지도학습 사례

강아지와 고양이를 구분시키지 않습니다. 하지만 알고리즘은 사진들을 보고 생김새 등 특징을 파악하여 강이지 그룹과 고양이 그룹으로 구분하여 모델을 생성합니다. 이후 고양이 사진을 보게 되면 고양이 그룹이라고 구분하게 됩니다. 단, 고양이라고 최종 판단은 할 수 없으며 그 판단은 사람의 몫입니다.

학습 데이터 셋

테스트 데이터

그룹 1

그룹 2   모델 생성

그룹 2

**강화학습**

환경을 관찰해서 행동을 하고 그 결과로 보상이나 벌점을 주어 보상이 큰 쪽으로 학습하게 되는 방법을 '강화학습(Reinforcement Learning)'이라고 합니다. 다음 상황을 예측하고 실제값을 보면서 그 차이를 인지한 다음 계속 그 예측을 업데이트하는 과정을 말합니다.

• 강화학습 사례

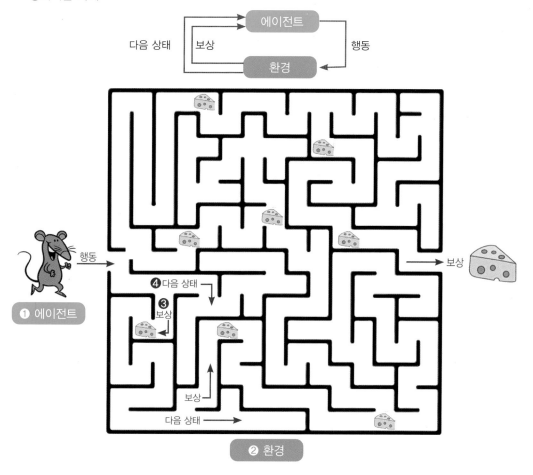

❶강화학습 생쥐(agent, 에이전트)를 훈련시켜 길찾기가 쉽지 않은 ❷미로(environment, 환경) 속에서 출구를 제대로 찾아가면 ❸치즈(rewards, 보상)를 먹을 수 있고, 그렇지 못하면 치즈를 먹지 못하고 다시 ❹다른 길(observations, 다음 상태)을 찾아야 됩니다.

# 3 앱 인벤터(App inventor) 앱 제작 준비하기

## 시스템 요구 사항

### • 컴퓨터와 운영 체제

- Macintosh(Intel 프로세서 사용): Mac OS X 10.5 이상
- 윈도우: 윈도우 XP, 윈도우 비스타, 윈도우 7 이상
- GNU/Linux: Ubuntu 8 이상, Debian 5 이상

※ GNU/Linux 라이브 개발은 컴퓨터와 스마트폰/태블릿 간 WiFi 연결에만 지원됩니다.

### • 브라우저

- Mozilla Firefox 3.6 이상
- Apple Safari 5.0 이상
- Google Chrome 4.0 이상

※ Microsoft Internet Explorer는 지원되지 않습니다.

### • 휴대전화 또는 태블릿

- iPhone, iPad 또는 iPod Touch에서 iOS 9.0 이상
- Apple M1 Silicon이 있는 컴퓨터에서 macOS 11 이상
- Android 기기의 경우 Android 운영 체제 2.1("Eclair") 이상

※ 출처: 앱 인벤터 이용시 권장 사양
https://appinventor.mit.edu/explore/content/system-requirements

앱 인벤터는 별도의 설치프로그램 없이 웹 브라우저 기반의 개발 도구이므로, 어떤 브라우저를 사용하느냐에 따라 개발 환경이 달라질 수 있습니다.

- 크롬(Chrome): 가장 많이 사용되는 브라우저이며 앱 인벤터와의 호환성이 가장 좋습니다. 빠른 속도와 다양한 확장기능을 지원하며 앱 인벤터 개발 시 가장 추천되는 브라우저입니다.
- 파이어폭스(Firefox): 오픈 소스 브라우저로 개인정보 보호에 강점이 있습니다. 앱 인벤터와의 호환성도 양호합니다.
- 사파리(Safari): 애플(Apple) 기기에서 기본으로 제공되는 브라우저입니다. 앱 인벤터를 사용할 수 있지만 다른 브라우저에 비해 기능이 제한적일 수 있습니다.

## 앱 인벤터 접속하여 로그인하기

구글 크롬이 호환성이 좋아 구글 크롬을 설치하여 크롬에서 앱 인벤터를 실행하겠습니다.

- **접속 방법 1**

구글에 접속하여 "앱 인벤터"를 검색합니다.

- **접속 방법2**

"https://appinventor.mit.edu/" 주소로 접속합니다.

사이트에 접속 후 [Create Apps!]를 클릭합니다.

구글 계정을 통해 로그인이 가능합니다. 이미 ❶ 로그인된 구글 계정이 있다면 계정을 선택하여 로그인하고 ❷계정이 없다면 계정을 생성하여 로그인합니다.

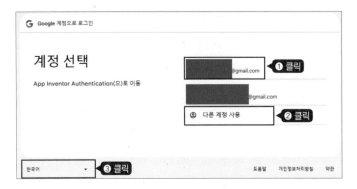

구글 계정이 없다면 [계정 만들기]로 계정을 만든 후 로그인 합니다.

로그인 후 프로젝트를 생성하고 앱 개발을 시작할 수 있습니다.

처음 로그인시 영어로 되어있으므로 아래 그림의 [English] 부분을 [한국어]로 설정을 변경합니다.

## 앱 인벤터 화면구성 알아보기

### 1) 메뉴 구성

❶ 프로젝트 시작하기, 가져오기, 저장하기, 연결(앱 테스트), 빌드(앱 만들기), 도움말이 있습니다.

❷ 내가 만든 프로젝트 목록이 나열됩니다.

❸ 프로젝트 목록보기, 지우기, 가이드, 문제 보고, 언어설정 및 계정관리를 할 수 있습니다.

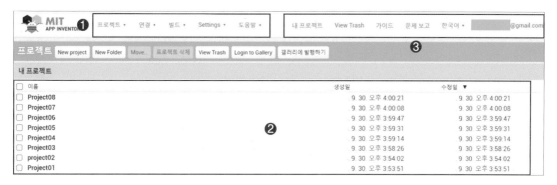

### 2) 디자이너 화면구성

앱 인벤터의 화면구성은 [팔레트], [뷰어], [컴포넌트], [미디어], [속성]으로 구성되어 있습니다. 처음 프로젝트를 시작하면 [디자이너] 화면에서 시작합니다. [디자이너]는 실제 스마트폰에 보여지는 화면을 디자인하는 것으로 [팔레트]의 기능들을 [뷰어]로 드래그하여 구성합니다.

❶ 프로젝트명: 현재 작업중인 프로젝트의 이름이 표시됩니다.

❷ 팔레트: 앱을 만들기 위해 필요한 컴포넌트들이 모여 있는 곳으로 사용자 인터페이스, 레이아웃, 미디어, 센스 등 팔레트 안에 있는 컴포넌트를 뷰어로 드래그하여 화면을 구성합니다.

| 팔레트 구성 | 기능 |
| --- | --- |
| 사용자 인터페이스 | 버튼, 레이블, 테스트박스 등 사용자와 소통하기 위한 기능 |
| 레이아웃 | 수평/수직 배치 등 화면 배치를 위한 기능 |
| 미디어 | 카메라, 녹음기, 음성인식 등 미디어 사용하는 기능 |
| 그리기 & 애니메이션 | 공, 캔버스 등 터치 및 드래그를 이용하여 그림을 그리는 기능 |
| 지도 | 지도, 마커, Navigation을 이용하는 기능 |
| Charts | 차트를 표시하는 기능 |
| Data Science | 인공지능의 기초적인 기능 물체 인식 분석 등을 하는 기능 |
| 센서 | 가속서센서, 자이로센서 시계 등 폰에 내장된 센서 활용 |
| 소셜 | 연락처, 전화, 공유 등을 할 수 있는 기능 |
| 저장소 | 클라우드 또는 내 파일에 접근하거나 DB 를 만드는 기능 |
| 연결 | 블루투스나 Serial 통신 또는 웹과 연결할 수 있는 기능 |
| 레고 마인드스톰 | 레고 마인드스톰을 활용하여 제어할 수 있는 기능 |
| 실험실 | 챗봇이나 DB 등 실험적인 기능 |
| 확장기능 | 외부의 확장기능을 연결하는 기능 |

❸ 뷰어: 앱을 실행했을 때 보여지는 화면으로 화면의 크기를 전화 크기, 태블릿 크기, 모니터 크기로 변경할 수 있습니다.

❹ 컴포넌트: 뷰어에 등록된 컴포넌트들이 모여있는 공으로 여기에서 컴포넌트들의 이름을 변경하거나 지울 수 있으며 컴포넌트를 선택하여 [속성]을 변경할 수 있습니다.

❺ 미디어: 앱에 필요한 사진, 음악, 영상들을 [파일올리기] 버튼을 클릭하여 업로드 할 수 있습니다.

❻ 속성: [컴포넌트]에서 선택한 속성을 변경할 수 있습니다.

❼ 디자이너/블록

• 디자이너: 디자이너로 이동하기 위한 버튼입니다. 디자이너는 앱에 보여지는 화면을 구성하는 것으로 지금 보고 있는 화면이 디자이너 화면입니다.

• 블록: 블록을 구성할 수 있는 화면입니다. 디자이너에서 구성된 기능들을 블록 화면으로 넘어가 코딩할 수 있습니다.

## 3) 블록 화면구성

우측 상단의 [블록] 버튼을 클릭하여 블록 화면으로 이동합니다.

[블록] 화면에서는 [디자이너]에서 구성된 기능들을 코딩할 수 있습니다.

블록 화면에 대해 알아보겠습니다.

❶ 프로젝트명: 현재 작업 중인 프로젝트의 이름이 표시됩니다.

❷ 블록: 공통 블록과 모든 컴포넌트 블록의 기능들이 모여져 있습니다. 공통 블록은 기본
적으로 앱 코딩에 필요한 제어, 논리, 수학, 텍스트, 리스트, 딕셔너리, 색상, 변수, 함수
블록을 제공합니다. 모든 컴포넌트 블록은 [디자이너]에서 생성된 컴포넌트의 기능을 활
용하기 위한 블록으로 블록을 드래그하여 [뷰어] 화면으로 이동하여 프로그램을 구성합
니다.

❸ **미디어**: 앱에 필요한 사진, 음악, 영상들을 [파일올리기] 버튼을 클릭하여 업로드 할 수 있습니다. [디자이너]에 위치한 [미디어]에서도 [파일올리기]를 할 수 있습니다.

❹ **뷰어**: 코딩 블록을 끌어와 코딩하는 영역입니다. 앱의 동작을 만드는 곳입니다.

❺ **가방**: 즐겨 사용하는 블록을 드래그 앤드 드롭 또는 오른쪽 마우스를 클릭하여 저장할 수 있습니다.

❻ **화면조정/휴지통**: 화면 중심잡기, 화면 확대 또는 축소를 할 수 있고, 휴지통은 사용하지 않는 블록을 휴지통으로 끌어다 놓으면 삭제됩니다. 키보드의 [Delete] 키를 사용해도 삭제됩니다.

❼ **경고와 에러 메시지**: 블록이 제대로 결합했는지 제대로 작동하는지 등을 판단 할 수 있습니다.

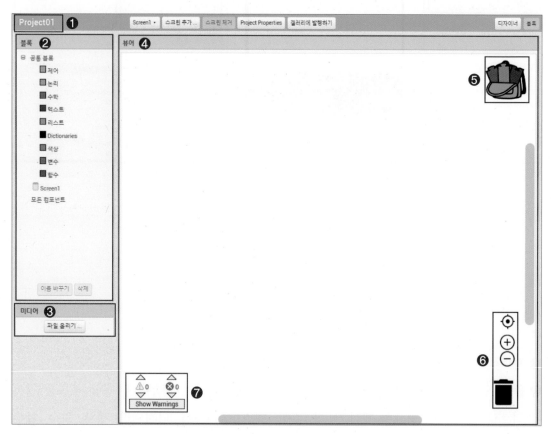

## 앱 인벤터 블록의 종류와 특성

### (1) 기본 제공 블록(공통 블록)

프로젝트마다 공통으로 제공하는 블록으로 9가지 카테고리로 구성되어 있습니다.

제어: 조건문, 반복문 등 프로그램의 흐름을 제어하는 블록

논리: 참, 거짓, 같다 등 논리적 판단을 하는 블록

수학: 숫자와 관련된 연산을 수행하는 블록

텍스트: 문자, 문자 합치기 등 글자와 관련된 블록

리스트: 여러 개의 값을 저장하고 관리하는 블록

딕셔너리: 딕셔너리 만들기, 변경하기 등을 관리하는 블록

색상: 색상을 지정하고 수정하는 블록

변수: 값을 저장하기 위한 변수를 생성하고 사용하는 블록

함수: 특정 기능을 수행하는 코드를 모아놓은 함수와 관련된 블록

### (2) 컴포넌트 블록

디자이너 화면에서 추가한 컴포넌트와 관련된 블록으로 이벤트, 속성 설정, 속성값, 함수 호출 블록들로 구성되어 있습니다.

- **이벤트 블록** : 특정 명령을 원하는 이벤트에 실행시키기 위한 블록

  **예** 버튼을 클릭했을 때 실행되는 블록

  언제 버튼3_알람끄기 ▼ .클릭했을때
  실행

- **속성 설정 블록** : 컴포넌트의 속성을 지정하거나 변경하는 블록

  **예** 글꼴 크기를 설정하는 블록

  지정하기 레이블1_카운트다운 ▼ . 글꼴크기 ▼ 값

- **속성값 블록** : 컴포넌트 속성의 현재값이 담긴 블록

  **예** 버튼의 텍스트 값이 저장된 블록

  버튼3_알람끄기 ▼ . 텍스트 ▼

- **함수 호출 블록** : 컴포넌트가 가지고 있는 기능을 함수로 만들어 제공하고 있습니다. 컴포넌트의 특정 기능을 불러 사용하는 블록

  **예** 플레이어에서 시작하는 함수 호출 블록

  호출 플레이어1 ▼ .시작하기

# MIT AI2 Compation 설치하기

완성된 프로젝트를 스마트폰에서 동작시키기 위해서는 [MIT AI2 Compation] 앱을 설치해야 합니다.

iPhone, Android 휴대전화, iPad 또는 Android 태블릿으로 앱 스토어에서 앱을 다운로드 받아 설치합니다.

설치 과정은 [안드로이드 폰]으로 설명하겠습니다.

**01** [플레이스토어] 접속한 후 "앱 인벤터"를 검색합니다. 검색 결과에서 [MIT AI2 Compation]의 [설치]를 클릭하여 앱을 설치합니다.

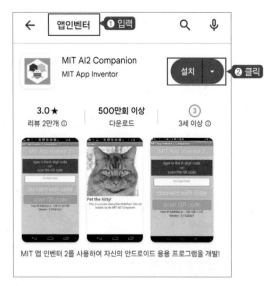

**02** 설치가 완료되었다면 [열기] 버튼을 누릅니다. 각종 권한을 [허용] 합니다.

## 앱 인벤터 프로젝트 실행하기

컴퓨터와 스마트폰을 서로 연결하여 앱 인벤터 프로젝트를 스마트폰에서 실행하는 방법은 크게 3가지입니다.

• **실행 방법 1**: AI컴패니언으로 앱을 실행합니다.

스마트폰, 컴퓨터가 Wi-Fi 연결이 되어있을 때, App Inventor Companion 앱(MIT AI2 Companion)을 폰에 설치하고 Wi-Fi 연결을 통해 앱을 테스트합니다.

이것이 앱을 만들고 테스트하는 가장 쉬운 방법입니다.

Build your project on
your computer

Test it live on
your devicd

[연결]-[AI컴패니언]를 선택합니다.

[connect with code]와 [scan QR code] 중 하나를 선택할 수 있습니다.

[connect with code]는 코드를 이용하여 접속하는 방식이고 [scan QR code]는 카메라로 QR코드를 인식하여 PC에서 만든 앱과 접속하는 방식입니다.

이 책에서는 [scan QR code]를 이용하여 앱 인벤터 PC와 접속합니다.

- **실행 방법 2:** 에뮬레이터로 앱을 테스트합니다.

휴대폰이나 태블릿이 가까이에 없어도 컴퓨터에 에뮬레이터 소프트웨어를 설치하면 App Inventor를 사용할 수 있습니다.

Build your project on
your computer

Test it live on your
computer with the
conscreen emulator

- **실행 방법3:** Wi-Fi가 없을 때, Android 기기와 USB 케이블로 앱을 연결하여 테스트합니다.

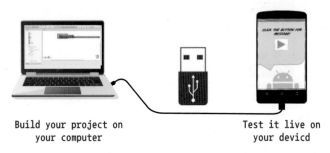

Build your project on
your computer

Test it live on
your devicd

## 앱 인벤터 설치 파일(apk) 만들기

**01** 앱 설치 파일을 만들기 위해서는 메뉴에서 [빌드]를 클릭한 후 Android App(apk)를 클릭합니다.

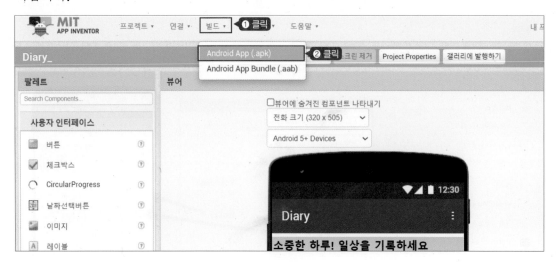

**02** 설치 파일이 만들어지는 동안 잠시 기다립니다.

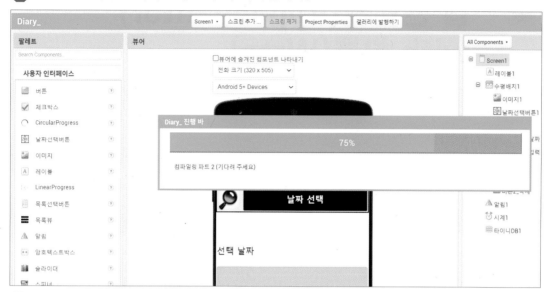

**03** ❶생성된 설치 파일(apk)을 직접 내려받아 컴퓨터에 저장한 후 핸드폰으로 복사하여 설치합니다. 또는 ❷생성된 QR코드를 바코드 스캐너로 스캔하여 설치합니다.

※ 이 링크와 바코드는 2시간 동안만 유효합니다.

**04** 앱 인벤터 설치 파일을 만들었습니다.

# 4 앱 인벤터(App inventor) with 뤼튼(Wrtn)

앱인벤터를 통해 앱을 만들고 배포를 할 때 이미지 저작권에 대한 고민을 하게 됩니다. 이를 해결하기 위해 뤼튼(Wrtn) [AI 이미지를 생성하기]를 통해 이미지를 직접 만들어 사용할 수 있습니다.

## 뤼튼(Wrtn)이란?

뤼튼(Wtrn)은 AI 기술을 활용하여 다양한 작업을 지원하는 플랫폼입니다. 이 플랫폼은 사용자가 필요로 하는 정보를 검색하고, 이미지를 생성하며, 과제와 업무를 효율적으로 수행할 수 있도록 돕습니다.

## 뤼튼(Wrtn) 목적과 배경

뤼튼은 AI 기술의 발전과 함께 정보를 쉽게 검색하고, 창의적인 작업을 수행할 수 있도록 돕기 위해 개발되었습니다.

뤼튼은 AI 기술을 통해 사용자가 정보를 검색하고, 이미지를 생성하며, 다양한 과제를 수행할 수 있도록 돕는 플랫폼입니다. 또한 뤼튼은 누구나 아무런 제약 없이 생성 AI의 가치를 누릴 수 있도록 앞장서기 위해 생성 AI의 무한한 가치를 누구에게나 개방하여 무료로 이용 가능합니다.

## 뤼튼(Wrtn) 가입하기

뤼튼은 AI 기반의 플랫폼으로 다양한 기능을 제공하며 가입 절차는 간단합니다.

### 1) PC 버전 가입 방법

웹 브라우저를 열고 주소창에 "wrtn.ai"을 입력하여 뤼튼 공식 웹사이트에 접속합니다.

또는 검색엔진에서 "뤼튼"을 검색하여 웹사이트에 방문합니다.

왼쪽 아래 [로그인]을 클릭하거나 검색창에 검색하면 [회원가입]으로 자동 연결됩니다.

가입에 필요한 정보를 입력한 후 가입하거나 네이버, 카카오, 구글 등 기존 계정에 연결하여 가입을 완료합니다.

모든 절차가 완료되면 뤼튼 계정이 생성됩니다. 이제 로그인하여 서비스를 이용할 수 있습니다.

## 2) 모바일 버전 가입 방법

스마트폰의 앱 스토어(구글 플레이 스토어 또는 애플 앱 스토어)에서 "뤼튼"을 검색하여 앱을 다운로드하여 설치합니다.

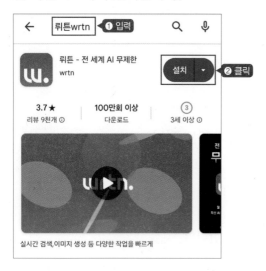

앱을 실행한 후 "회원가입" 버튼을 찾아 클릭합니다. 가입에 필요한 정보를 입력한 후 가입하거나 네이버, 카카오, 구글 등 기존 계정에 연결하여 가입을 완료합니다.

모든 절차가 완료되면 뤼튼 계정이 생성됩니다. 이제 로그인하여 서비스를 이용할 수 있습니다.

## 뤼튼(Wrtn)의 주요 기능

### ❶ AI 검색

- 실시간 검색: 뤼튼은 사용자가 입력한 질문에 대해 실시간으로 정보를 검색할 수 있는 기능을 제공합니다.

- 정확한 결과: 다양한 소스에서 정보를 수집하여 사용자에게 가장 적합한 답변을 제공합니다.

### ❷ AI 이미지 생성

- 창의적인 이미지 생성: 사용자가 원하는 주제에 맞춰 이미지를 생성할 수 있는 기능을 제공합니다.

- 다양한 스타일: 여러 스타일과 형식으로 이미지를 생성할 수 있어 사용자의 창의성을 발휘할 수 있습니다.

### ❸ AI 과제와 업무

- 문서 작성 지원: 뤼튼은 문서 작성, 데이터 분석, 코딩 등 다양한 업무를 지원합니다.

- 효율적인 작업 관리: 사용자가 과제를 보다 효율적으로 관리하고 수행할 수 있도록 돕는 기능이 포함되어 있습니다.

### ❹ 뤼튼의 활용 사례

- 교육 분야: 학생들이 과제를 수행할 때 필요한 자료를 쉽게 찾고, 이미지 자료를 생성하여 발표 자료를 만들 수 있습니다.

- 비즈니스: 기업에서는 마케팅 자료를 만들거나, 데이터 분석을 통해 인사이트를 도출하는 데 활용할 수 있습니다.

뤼튼은 AI 기술을 통해 사용자가 정보를 검색하고, 이미지를 생성하며, 다양한 과제를 수행할 수 있도록 돕는 플랫폼입니다. 이러한 기능들은 특히 교육과 비즈니스 분야에서 유용하게 활용될 수 있습니다. 뤼튼을 통해 AI의 무한한 가능성을 경험해 보세요!

# 앱인벤터(App inventor) With 뤼튼: AI 이미지 생성하기

앱인벤터를 통해 앱을 만들고 배포를 할 때 이미지 저작권에 대한 고민을 하게 됩니다. 이를 해결하기 위해 뤼튼(Wrtn) [AI 이미지를 생성하기]를 통해 이미지를 직접 만들어 사용할 수 있습니다.

AI 이미지를 생성하기 위해 원하는 그림을 얻으려면 몇 가지 중요한 키워드를 포함해야 합니다.

## 효과적인 키워드 입력 방법

| | |
|---|---|
| 1. 주제 (Subject) | 그리려는 주제를 명확히 정의합니다.<br>예시: "고양이", "해변", "우주" 등. |
| 2. 스타일 (Style) | "수채화", "일러스트", "사진" 등 그림의 스타일을 지정합니다<br>예시: "수채화 스타일의 고양이" 또는 "현대적인 아트 스타일의 해변". |
| 3. 색상 (Color) | 원하는 색상이나 색 조합을 언급합니다.<br>예시: "파란색과 노란색의 조화를 이루는 우주" 또는 "따뜻한 색감의 해변". |
| 4. 구성 (Composition) | 배경, 중심 요소 등을 포함할 수 있게 그림의 구성을 설명합니다.<br>예시: "푸른 바다 앞에 서 있는 고양이" 또는 "별이 빛나는 하늘 아래의 캠프파이어". |
| 5. 감정 또는 분위기 (Mood) | 그림이 전달하는 감정이나 분위기를 지정합니다.<br>예시: "몽환적인 느낌의 우주" 또는 "아늑하고 편안한 해변". |
| 6. 세부 요소 (Details) | 추가적인 세부 요소를 포함하여 더 구체적인 이미지를 요청합니다.<br>"꽃이 만발한 정원에 있는 고양이" 또는 "밤하늘의 별과 함께 있는 캠프파이어". |
| 종합적인 예시 | "수채화 스타일의 고양이가 꽃이 만발한 정원에 앉아 있는 모습, 따뜻한 색감으로 아늑한 분위기." |

## 뤼튼 사용하여 저작권 없는 무료 이미지 만들기 예

❶ 원하는 목적을 선택 : AI이미지 (드롭 버튼 누른 후 'AI 이미지' 선택)

❷ 키워드 입력 : 일러스트 스타일의 시계를 그리고 싶어, 시계의 모양은 자명종 모양으로
   그려주고, 핑크색 계열로 따뜻하고 귀여운 시계로 그려줘

다음과 같은 시계 모양의 이미지가 만들어졌습니다.

# 앱 인벤터(App inventor)
# with 패들렛

## 패들렛이란?

패들렛은 온라인 게시판 또는 디지털 벽보판과 같은 도구입니다. 온라인 환경에서 원활한 의사소통을 하고 실시간으로 의견을 공유할 때 패들렛을 사용합니다. 패들렛은 다양한 형태의 콘텐츠(텍스트, 이미지, 동영상 등)를 자유롭게 붙이고 정리할 수 있습니다. 이를 통해 아이디어 공유, 협업, 학습 등 다양한 목적으로 활용됩니다.

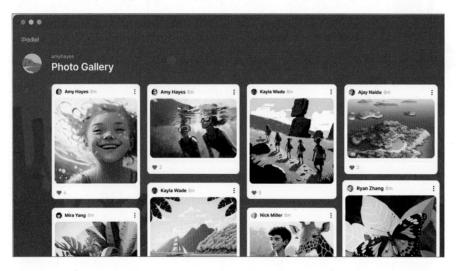

## 패들렛 가입하기

패들렛은 QR코드, 이메일, 링크 등을 통해 쉽게 접속할 수 있으며, 로그인하지 않아도 게시글과 댓글을 작성할 수 있어 빠르게 작업할 수 있습니다. 하지만 로그인하지 않은 참여자가 게시글이나 댓글을 작성할 경우 '익명'으로 표기됩니다.

**01** 패들렛에 가입하여 사용하려면 웹 브라우저를 열고 주소창에 "https://padlet.com"을 입력하여 패들렛 웹사이트에 접속합니다. 또는 검색엔진에서 "패들렛"을 검색하여 웹사이트에 방문합니다. [가입하기]를 클릭한 후 Google, Microsoft, Apple계정이 있으면 바로 가능합니다. 없다면 [이메일로 가입]을 합니다.

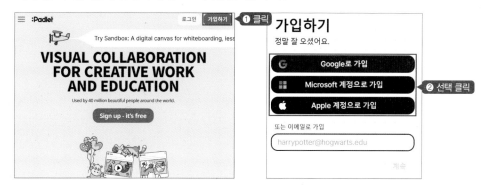

**02** [계속]을 클릭하면 가입시 작성한 메일로 임시 확인 코드를 보내줍니다. 확인 코드를 입력 후 [확인 받기] 버튼을 눌러 가입합니다.

## 패들렛의 주요 기능

❶ 텍스트, 이미지, 동영상뿐만 아니라 다양한 형태의 콘텐츠를 웹 링크, 파일 등 다양한 형태의 콘텐츠를 게시할 수 있습니다.

❷ 콘텐츠를 원하는 위치에 배치하고, 크기를 조절할 수 있어 자유로운 레이아웃 구성이 가능합니다.

❸ 여러 사람이 동시에 패들렛에 접속하여 콘텐츠를 추가하고 수정할 수 있어 실시간 협업이 가능합니다.

❹ 다양한 목적에 맞는 템플릿을 제공하여 빠르게 패들렛을 시작할 수 있습니다.

## 앱인벤터(App inventor) With 페들렛

페들렛으로 이미지 생성하기 담벼락의 게시물을 추가합니다.

**01** [+12] 아이콘을 클릭합니다.

**02** 그릴 수 없음을 클릭합니다.

**03** "Draw a running program background image" 스크립트를 넣어 실행하면 이미지 결과를 확인 할 수 있습니다.

**04** 이미지를 선택 후 [발행] 버튼을 누르면 페들렛에 게시가 가능하고 다운로드하여 활용 할 수 있습니다.

**CHAPTER**

# 쉽게 시작하는
# 앱 만들기

## 01

# QR코드 스캐너로 앱 인벤터 시작하기

**주요기능** 음성변환, 바코드스캐너, 액티비티스타터   **난이도** ★★☆☆☆

**학습 목표**
- 앱 인벤터의 사용법을 익힐 수 있습니다.
- QR코드 스캐너를 만들 수 있습니다.
- 음성변환을 이용하여 텍스트를 음성으로 변환할 수 있습니다.

▶ 앱 실행 동작 영상 미리보기 QR코드    링크 주소 : http://nal.la/VnTuGG

## 앱화면 미리보기

## 앱 계획하기

1 [사용법]을 누르면 음성으로 사용법을 설명합니다.

2 화면상에 사용법을 나타냅니다.

3 [QR코드 스캔]을 누르면 QR코드를 스캔하여 해당 URL로 이동합니다.

## 미리 준비하기

### 이미지 준비하기

• **방법 1**

뤼튼 AI이미지 생성하기를 이용하여 QR 이미지를 만들어 봅니다.

AI 이미지()를 선택한 후 아래 키워드를 입력하고 생성 아이콘을 클릭하면 잠시 후 입력한 키워드를 분석하여 이미지가 생성됩니다.

– **키워드 입력** : 파블로 피카소 스타일의 그림을 그리고 싶어. QR코드를 정사각형으로 그려줘

생성된 이미지를 [qr_img.jpg] 이름으로 저장하여 사용합니다.

※ 만약 뤼튼 AI이미지 생성하기를 이용하여 원하는 결과가 나오지 않으면 방법 2를 이용하여 제공되는 이미지 파일을 이용합니다.

• **방법 2**

[제공자료]의 [QrCodeScanner] 폴더에서 [qr_img.jpg] 이미지 파일을 준비합니다.

## 앱 인벤터 프로젝트 만들기

**01** 앱 인벤터에 접속하여 [Create Apps!] 버튼을 클릭합니다.

**02** [프로젝트] – [새 프로젝트 시작하기]를 클릭합니다.

**03** 앱 인벤터 프로젝트를 생성합니다.

프로젝트 이름 생성 시에는 알파벳, 숫자, 밑줄만 가능하고 이름의 시작은 반드시 알파벳으로 시작해야 합니다. "QrCodeScanner" 이름으로 프로젝트를 생성합니다.

## [디자이너] 앱 화면 구성하기

**01** [팔레트]-[레이아웃]을 클릭합니다.

[레이아웃]은 컨포넌트의 수평, 수직 배치 등 화면 배치를 위해 사용합니다.

**02** [수평배치]를 클릭한 후 [수평배치]를 끌어와 [뷰어]에 위치 시킵니다.

[수평배치1]의 속성을 다음과 같이 설정합니다.

- 수평정렬: 가운데   • 수직정렬: 가운데   • 높이: 50퍼센트   • 너비: 부모 요소에 맞추기

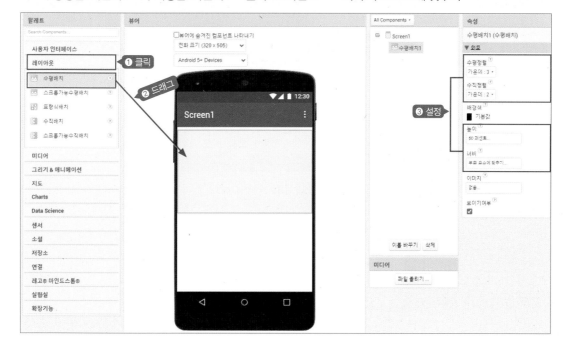

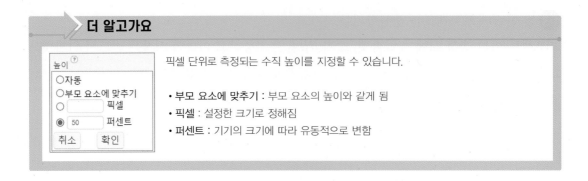

## 더 알고가요

**높이** : 픽셀 단위로 측정되는 수직 높이를 지정할 수 있습니다.

- **부모 요소에 맞추기** : 부모 요소의 높이와 같게 됨
- **픽셀** : 설정한 크기로 정해짐
- **퍼센트** : 기기의 크기에 따라 유동적으로 변함

**03** [팔레트]-[사용자 인터페이스]를 클릭합니다.

[사용자 인터페이스]는 사용자와 소통하기 위한 컴포넌트가 있습니다.

예를 들면 버튼, 이미지, 레이블, 체크박스 등으로 사용자가 선택하거나 사용자에게 보여주기 위한 인터페이스들이 들어 있습니다.

**04** [사용자 인터페이스]를 클릭한 후 [이미지]를 끌어와 [수평배치1]에 위치 시킵니다.

[이미지1]의 속성을 다음과 같이 설정합니다.

- 높이: 35퍼센트    • 너비: 부모 요소에 맞추기
- 사진: [파일올리기]를 선택한 후 [qr_img.jpg] 이미지를 올립니다.

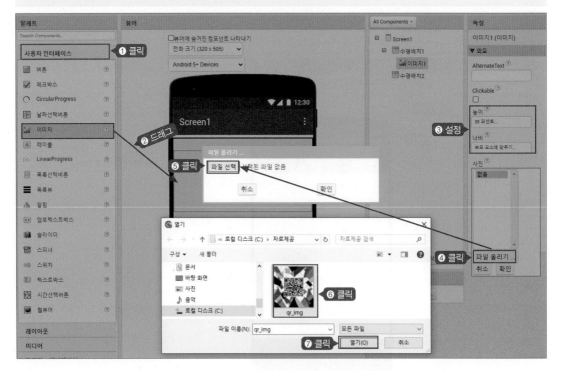

**05** [수평배치]를 클릭한 후 [수평배치]를 끌어와 [뷰어]에 위치 시킵니다.
[수평배치2]의 속성을 다음과 같이 설정합니다

- 수평정렬: 가운데    • 수직정렬: 가운데    • 높이: 40픽셀    • 너비: 부모 요소에 맞추기

**06** [사용자 인터페이스]를 클릭한 후 [레이블]을 끌어와 [수평배치2]에 위치 시킵니다.
[레이블1]의 속성을 다음과 같이 설정합니다.

- 글꼴굵게: ∨    • 글꼴크기: 20    • 텍스트: [ QR코드 스캔 ] 버튼을 눌러 주세요!

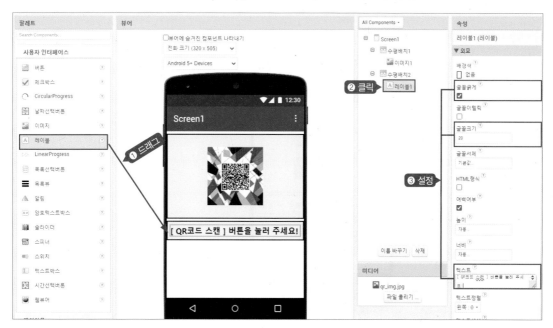

**07** [수평배치]를 클릭한 후 [수평배치]를 끌어와 [뷰어]에 위치 시킵니다.
[수평배치3]의 속성을 다음과 같이 설정합니다.

- 수평정렬: 가운데 · 수직정렬: 가운데 · 높이: 부모 요소에 맞추기 · 너비: 부모 요소에 맞추기

**08** [사용자 인터페이스]에서 [버튼]을 끌어와 [수평배치3]에 위치한 다음 이름을 [버튼1_qr 스캔]으로 변경 후 속성을 아래와 같이 변경합니다.

- 배경색: 빨강 · 글꼴굵게: ∨ · 글꼴크기: 30 · 높이: 60픽셀 · 너비: 200픽셀
- 텍스트: QR코드 스캔 · 텍스트색상: 흰색

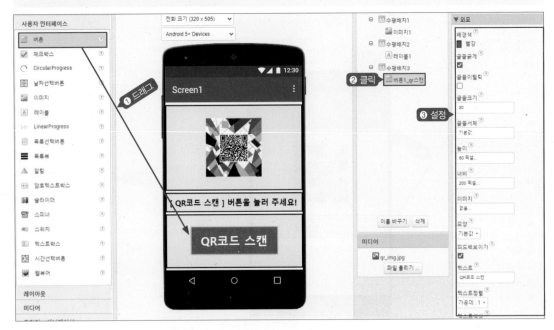

**09** [사용자 인터페이스]에서 [버튼]을 끌어와 [수평배치3]에 위치한 다음 이름을 [버튼1_사용법]으로 변경 후 속성을 아래와 같이 변경합니다.

- 배경색: 밝은 회색   • 글꼴크기: 20   • 모양: 둥근 모서리   • 텍스트: 사용법

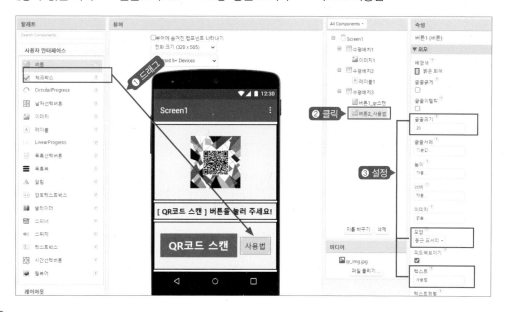

**10** [팔레트]의 [미디어]를 클릭합니다. [미디어]는 카메라, 녹음기, 음성인식 등 미디어 기능 컴포넌트가 있습니다.

**11** [미디어]에서 [음성변환]를 선택 후 [뷰어]에 위치합니다. 보이지 않는 컴포넌트로 등록됩니다. 음성변환 컴포넌트는 텍스트를 음성으로 변환할 수 있도록 도와주는 기능을 제공합니다.

## 더 알고가요

**보이는 컴포넌트**
보이는 컴포넌트는 버튼, 레이블, 이미지 컴포넌트처럼 사용자에게 실제로 보이는 컴포넌트입니다.

**보이지 않는 컴포넌트**
보이지 않는 컴포넌트는 미디어, 센서, 확장기능 등 사용자에게 직접 보이지 않지만 앱의 기능을 확장하여 구현할 수 있게 해주는 컴포넌트입니다.

**12** [팔레트]의 [센서]를 클릭합니다.
[센서]는 바코드 스캐너, 가속서센서, 시계 등 폰에 내장된 센서를 활용할 수 있는 컴포넌트입니다.

**13** [센서]에서 [바코드 스캐너]를 선택 후 [뷰어]에 위치합니다. 보이지 않는 컴포넌트로 등록됩니다. 속성을 아래와 같이 변경합니다.

- 외부스캐너사용: 체크를 해제합니다.

바코드 스캐너 컴포넌트는 사용자가 바코드를 스캔하여 정보를 읽어올 수 있도록 도와주는 기능을 제공합니다. 이 컴포넌트를 사용하면 바코드의 내용을 쉽게 인식하고, 앱 내에서 활용할 수 있습니다.

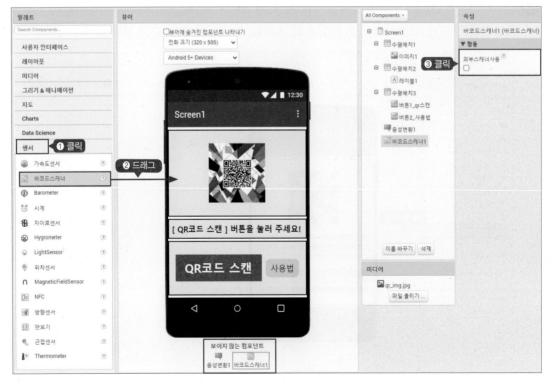

🔢 [팔레트]의 [연결]을 클릭합니다.

[연결]은 블루투스나 Serial 통신 또는 웹과 연결할 수 있는 기능을 활용할 수 있는 컴포넌트입니다.

[연결]에서 [액티비티스타터]를 선택 후 [뷰어]에 위치합니다. 보이지 않는 컴포넌트로 등록됩니다.

> 더 알고가요 ▶ 액티비티스타터(Activity Starter)

다른 앱이나 시스템의 기능을 호출할 수 있는 도구입니다. 이 컴포넌트를 사용하면 사용자가 원하는 특정 작업을 수행하기 위해 외부 앱을 실행하거나, 특정 기능을 사용할 수 있습니다.

**액티비티 스타터의 주요 기능**
– **외부 앱 실행**: 다른 앱의 특정 액티비티를 호출하여 실행할 수 있습니다. 예) 사용자가 지도 앱을 열거나, 이메일 앱을 통해 메일을 보낼 수 있습니다.
– **인텐트 사용**: 안드로이드의 인텐트 시스템을 활용하여 다양한 작업을 수행할 수 있습니다. 인텐트는 앱 간의 상호작용을 가능하게 해주는 메시지입니다.
– **데이터 전달**: 호출하는 앱에 데이터를 전달할 수 있습니다.

🔟 마지막으로 [수평배치3]의 배경색을 바꿔봅니다. 기본 색깔이 아닌 [사용자지정]으로 들어가 원하는 색깔을 정해봅니다. 사용자가 원하는 색깔을 클릭하거나 '#125e82ff'를 지정합니다.

## [블록]으로 코딩하기

블록에는 기본 제공 블록(공통 블록)과 컴포넌트 블록이 제공됩니다. [공통 블록]은 프로젝트마다 공통으로 제공하는 블록으로 9가지 카테고리로 구성되어 있습니다.

[컴포넌트 블록]은 디자이너 화면에서 추가한 컴포넌트와 관련된 블록으로 이벤트, 속성 설정, 속성값, 함수 호출 블록들로 구성되어 있습니다.

### 더 알고가요 ▶ 블록의 특징

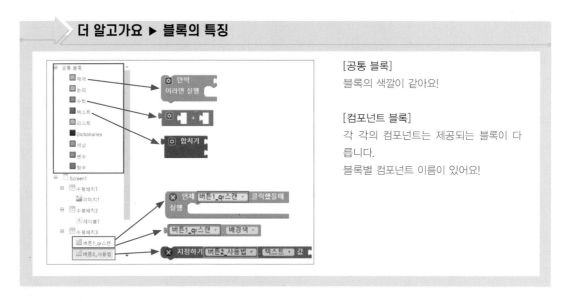

[공통 블록]
블록의 색깔이 같아요!

[컴포넌트 블록]
각 각의 컴포넌트는 제공되는 블록이 다릅니다.
블록별 컴포넌트 이름이 있어요!

qr스캔 버튼을 클릭하여 바코드스캐너 스캔하기 명령하는 코드를 작성해 봅니다.

**01** [블록]에서 [버튼1_qr스캔]을 클릭하여 [버튼1_qr스캔을 클릭했을 때]를 뷰어에 놓습니다. [바코드스캐너1]을 클릭하여 [호출 바코드스캐너1. 스캔하기]를 뷰어에 놓고 두 블록을 연결합니다.

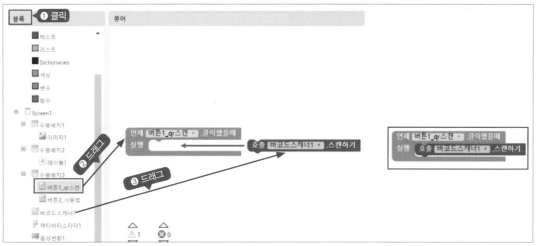

**02** 바코드스캐너로 스캔한 후 받아온 결과값으로 액티비티를 작동합니다.

[공통블록]의 [텍스트]에서 ◼️🔲 텍스트 상자를 뷰어에 놓습니다.

받아온 URL에 접근하기 위해서는 동작값이 필요합니다.

- 동작값: android.intent.action.VIEW를 대소문자 구분하여 입력합니다.

바코드스캐너1 컴포넌트를 클릭 후 [바코드스캐너1.스캔후에] 블록을 뷰어에 놓습니다. 액티비티스타터 컴포넌트를 클릭 후 동작, 데이터URL, 액티비티시작하기 블록을 뷰어에 놓습니다.

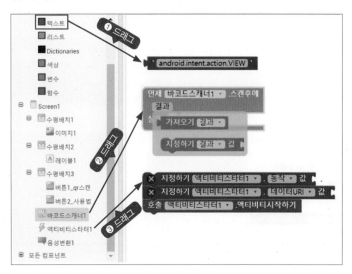

**03** 각 각의 블록을 연결하여 코드를 완성합니다.

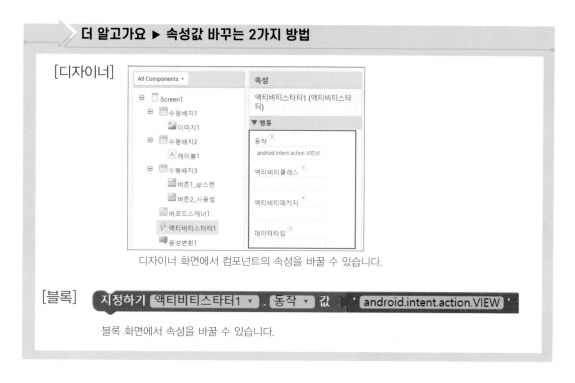

[디자이너]

디자이너 화면에서 컴포넌트의 속성을 바꿀 수 있습니다.

[블록]

지정하기 액티비티스타터1 ▾ . 동작 ▾ 값 ▌ android.intent.action.VIEW

블록 화면에서 속성을 바꿀 수 있습니다.

**04** 사용법 버튼을 클릭했을 때, 사용법을 말해주는 코드를 작성해 봅니다.

[공통블록]의 [텍스트]에서 ▌▀▌ 텍스트 상자를 뷰어에 놓습니다.

• 텍스트 값: 'QR코드 스캔 버튼을 누른 후 OR코드를 스캔하세요'를 입력합니다.

버튼2_사용법 컴포넌트를 클릭 후 [버튼2_사용법.클릭했을 때] 블록을 뷰어에 놓습니다.

음성변환1 컴포넌트를 클릭 후 [호출 음성변환1. 말하기] 블록을 뷰어에 놓습니다.

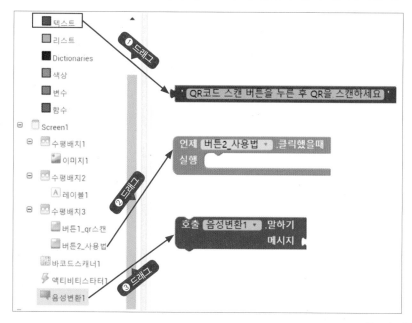

**05** 각 각의 블록을 연결하여 코드를 완성합니다.

언제 버튼2_사용법 ▼ .클릭했을때
실행 　호출 음성변환1 ▼ .말하기
　　　　　　　　메시지 ' QR코드 스캔 버튼을 누른 후 QR을 스캔하세요 '

**06** 모든 코드가 완성되었습니다.

## 완성된 전체 블록 코드 보기　　　🐝 완성 파일 ▶ QrCodeScanner.aia

전체 블록은 다음과 같습니다.

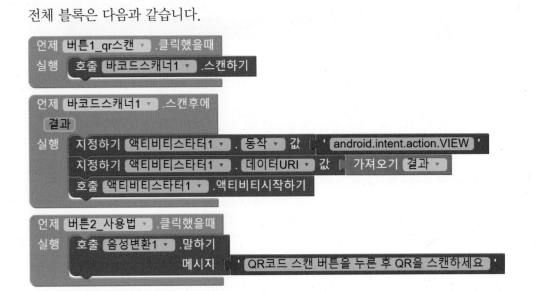

언제 버튼1_qr스캔 ▼ .클릭했을때
실행 　호출 바코드스캐너1 ▼ .스캔하기

언제 바코드스캐너1 ▼ .스캔후에
　결과
실행 　지정하기 액티비티스타터1 ▼ . 동작 ▼ 값 ' android.intent.action.VIEW '
　　　지정하기 액티비티스타터1 ▼ . 데이터URI ▼ 값 　가져오기 결과 ▼
　　　호출 액티비티스타터1 ▼ .액티비티시작하기

언제 버튼2_사용법 ▼ .클릭했을때
실행 　호출 음성변환1 ▼ .말하기
　　　　　　　메시지 ' QR코드 스캔 버튼을 누른 후 QR을 스캔하세요 '

컴퓨터와 스마트폰을 서로 연결하여 앱 인벤터 프로젝트를 실행하겠습니다.

이 책에서는 앱을 만들고 테스트를 할 때 보편적으로 많이 사용하고 있는 [AI컴패니언]을
사용합니다.

**01** [연결]을 클릭한 후 [AI컴패니언]을 클릭합니다.

**02** 스마트폰에서 [MIT AI2 Companion] 앱을 실행합니다.

[connect with code] 클릭하여 코드를 입력하여 실행하거나 [scan QR code]를 클릭한 후 QR
을 찍어 실행합니다. 이 책에서는 [scan QR code]를 이용하여 앱 인벤터 PC와 접속합니다.

**03** QR코드를 찍고 잠시 기다리면 스마트폰에서 앱이 실행됩니다.

**04** 앱의 시작 화면입니다. [사용법] 버튼을 클릭하면 사용방법을 말해 주고, [QR코드 스캔] 버튼을 클릭하면 QR을 스캔하여 해당 URL로 연결됩니다.

# 02 작품

# 음성입력 메모장 앱 만들기

**주요기능** 음성인식, 목록뷰      **난이도** ★★☆☆☆

**학습 목표**
- 음성인식 기능으로 손쉽게 메모를 기록할 수 있습니다.
- 손글씨로 메모를 기록할 수 있습니다.
- 기록한 메모를 공유할 수 있습니다.

▶ 앱 실행 동작 영상 미리보기 QR코드  링크 주소 : http://nal.la/Eej_Ed

## 앱화면 미리보기

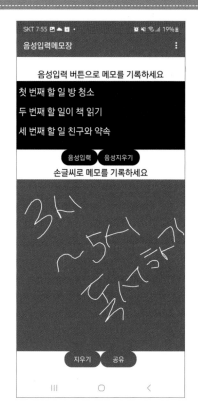

## 앱 계획하기

**1** 음성인식 기능을 이용하여 메모를 기록할 수 있는 목록뷰를 추가합니다.

**2** 목록뷰의 메모를 삭제할 수 있는 "음성지우기" 버튼을 추가합니다.

**3** 손글씨를 저장할 수 있는 "캔버스"를 추가합니다.

**4** 손글씨 메모를 지울 수 있는 "지우기" 버튼을 추가합니다.

**5** 손글씨 메모를 공유할 수 있는 "공유" 버튼을 추가합니다.

## 앱 인벤터 프로젝트 만들기

voiceMemo 이름으로 앱 인벤터 프로젝트를 생성합니다.

## [디자이너] 앱 화면 구성하기

**01** [사용자 인터페이스]에서 [레이블]을 뷰어에 위치한 다음 속성을 아래와 같이 변경합니다.

- 글꼴굵게: ∨체크　　- 글꼴크기: 20　　- 텍스트: 음성입력 버튼으로 메모를 기록하세요

**02** [사용자 인터페이스]에서 [목록뷰]를 뷰어에 위치한 다음 속성을 아래와 같이 변경합니다.

• 높이: 20 퍼센트

**03** [레이아웃]에서 [수평배치]를 뷰어에 위치한 다음 속성을 아래와 같이 변경합니다.

• 수평정렬:가운데:3    • 너비: 부모 요소에 맞추기

**04** [사용자 인터페이스]에서 [버튼]을 선택 후 [수평배치1]에 위치한 다음 이름을 [버튼_음성인식]으로 변경하고 속성을 아래와 같이 변경합니다.

- 배경색: 검정 · 글꼴굵게: ∨체크 · 텍스트: 음성입력 · 텍스트 색상: 흰색

[사용자 인터페이스]에서 [버튼]을 선택 후 [수평배치1]에 위치한 다음 이름을 [버튼_음성지우기]으로 변경 후 속성을 아래와 같이 변경합니다.

- 배경색: 검정 · 글꼴굵게: ∨체크 · 텍스트: 음성지우기 · 텍스트 색상: 흰색

**05** [사용자 인터페이스]에서 [레이블]을 선택 후 뷰어에 위치한 다음 속성을 아래와 같이 변경합니다.

- 글꼴굵게: ∨체크    • 글꼴크기: 20    • 텍스트: 손글씨로 메모를 기록하세요

**06** [그리기&애니메이션]에서 [캔버스]을 선택 후 뷰어에 위치한 다음 속성을 아래와 같이 변경합니다.

- 배경색: 파랑    • 높이:40 퍼센트    • 너비: 부모 요소에 맞추기

**07** [레이아웃]에서 [수평배치]를 뷰어에 위치한 다음 속성을 아래와 같이 변경합니다.

- 수평정렬:가운데:3   - 너비: 부모 요소에 맞추기

**08** [사용자 인터페이스]에서 [버튼]을 선택 후 [수평배치2]에 위치한 다음 이름을 [버튼_지우기]으로 변경 후 속성을 아래와 같이 변경합니다.

- 배경색: 파랑   - 글꼴굵게: ∨체크   - 텍스트: 지우기   - 텍스트 색상: 흰색

[사용자 인터페이스]에서 [버튼]을 선택 후 [수평배치1]에 위치한 다음 이름을 [버튼_공유]으로 변경 후 속성을 아래와 같이 변경합니다.

- 배경색: 파랑   - 글꼴굵게: ∨체크   - 텍스트: 공유   - 텍스트 색상: 흰색

**09** [미디어]에서 [음성인식]을 선택 후 [뷰어]에 위치합니다. 보이지 않는 컴포넌트로 등록됩니다. [소셜]에서 [공유]를 선택 후 [뷰어]에 위치합니다. 보이지 않는 컴포넌트로 등록됩니다.

**10** Screen1을 선택한 후 다음과 같이 설정해 줍니다.

- 수평정렬: 가운데:3   • 수직정렬: 가운데:2   • 제목: 음성입력 메모장

## [블록]으로 코딩하기

**01** [변수]에서 전역변수를 만들고 이름을 "음성메모"으로 변경 후 [리스트]에서 [빈리스트 만들기]를 가져와 초기값을 설정합니다.

```
전역변수 만들기 음성메모 초기값   ⚙ 빈 리스트 만들기
```

**02** [버튼_음성인식. 클릭했을 때] 음성인식 기능을 호출합니다.

```
언제 버튼_음성인식 ▾ .클릭했을때
실행  호출 음성인식1 ▾ .텍스트가져오기
```

**03** [버튼_음성인식. 텍스트가져온 후에] 이벤트가 발생된 경우 음성인식된 결과를 [음성메모] 리스트에 저장합니다.

변경된 [음성메모] 리스트정보를 [목록뷰]의 [요소]값으로 저장하고 목록뷰를 Refresh합니다.

```
언제 음성인식1 ▾ .텍스트가져온후에
  결과  partial
실행  ⚙ 항목 추가하기 리스트   가져오기 전역변수 음성메모 ▾
                      항목   가져오기 결과 ▾
     지정하기 목록뷰1 ▾ . 요소 ▾  값  가져오기 전역변수 음성메모 ▾
     호출 목록뷰1 ▾ .Refresh
```

**04** [버튼_음성지우기.클릭했을때] 이벤트가 발생된 경우 목록뷰의 선택항목을 리스트에서 삭제합니다. 변경된 [음성메모] 리스트정보를 [목록뷰]의 [요소]값으로 저장하고 목록뷰를 Refresh합니다.

```
언제 버튼_음성지우기 ▾ .클릭했을때
실행  항목 삭제하기 리스트   가져오기 전역변수 음성메모 ▾
                  위치   목록뷰1 ▾ . 선택된항목번호 ▾
     지정하기 목록뷰1 ▾ . 요소 ▾  값  가져오기 전역변수 음성메모 ▾
     호출 목록뷰1 ▾ .Refresh
```

**05** [캔버스1.드래그] 이벤트가 발생된 경우 캔버스에 좌표를 그려줍니다.

```
언제 캔버스1 ▾ .드래그
  시작X  시작Y  이전X  이전Y  현재X  현재Y  드래그된모든스프라이트
실행  호출 캔버스1 ▾ .선그리기
                  x1   가져오기 이전X ▾
                  Y1   가져오기 이전Y ▾
                  x2   가져오기 현재X ▾
                  Y2   가져오기 현재Y ▾
```

**06** [버튼_지우기.클릭했을때] 이벤트가 발생된 경우 캔버스를 지워줍니다.

```
언제 버튼_지우기 ▼ .클릭했을때
실행    호출 캔버스1 ▼ .지우기
```

**07** [버튼_공유.클릭했을때] 캔버스 정보를 저장하여 파일 공유하기를 호출해 줍니다.

```
언제 버튼_공유 ▼ .클릭했을때
실행    호출 공유1 ▼ .파일공유하기
                  파일    호출 캔버스1 ▼ .저장하기
```

## 완성된 전체 블록 코드 보기    ⊙ 완성 파일 ▶ voiceMemo.aia

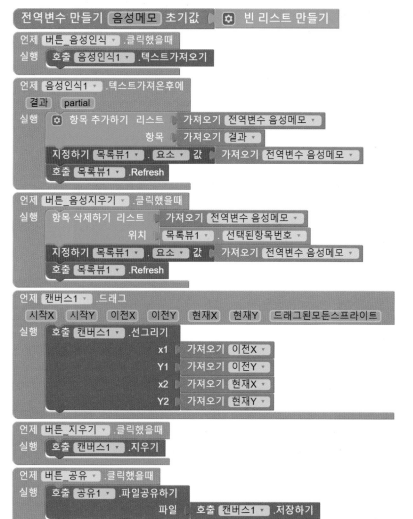

```
전역변수 만들기 음성메모 초기값   ⚙ 빈 리스트 만들기
언제 버튼_음성인식 ▼ .클릭했을때
실행    호출 음성인식1 ▼ .텍스트가져오기

언제 음성인식1 ▼ .텍스트가져온후에
  결과  partial
실행    ⚙ 항목 추가하기 리스트    가져오기 전역변수 음성메모 ▼
                      항목    가져오기 결과 ▼
       지정하기 목록뷰1 ▼ . 요소 ▼ 값    가져오기 전역변수 음성메모 ▼
       호출 목록뷰1 ▼ .Refresh

언제 버튼_음성지우기 ▼ .클릭했을때
실행    항목 삭제하기 리스트    가져오기 전역변수 음성메모 ▼
                   위치    목록뷰1 ▼ . 선택된항목번호 ▼
       지정하기 목록뷰1 ▼ . 요소 ▼ 값    가져오기 전역변수 음성메모 ▼
       호출 목록뷰1 ▼ .Refresh

언제 캔버스1 ▼ .드래그
  시작X  시작Y  이전X  이전Y  현재X  현재Y  드래그된모든스프라이트
실행    호출 캔버스1 ▼ .선그리기
                      x1   가져오기 이전X ▼
                      Y1   가져오기 이전Y ▼
                      x2   가져오기 현재X ▼
                      Y2   가져오기 현재Y ▼

언제 버튼_지우기 ▼ .클릭했을때
실행    호출 캔버스1 ▼ .지우기

언제 버튼_공유 ▼ .클릭했을때
실행    호출 공유1 ▼ .파일공유하기
                   파일    호출 캔버스1 ▼ .저장하기
```

## 결과 확인

| 앱의 시작 화면입니다. | 음성입력 버튼으로 음성 메모를 시작합니다. |
|---|---|
|  |  |
| 음성 목록을 선택하고 음성 지우기 버튼을 클릭하면 음성목록이 지워집니다. | 손글씨 메모가 가능하고, 지우기 버튼으로 지울 수 있습니다. |
|  | 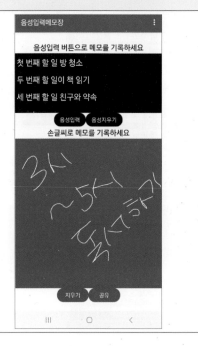 |

# 03 작품

# 음성 검색기 앱 만들기

**주요기능** ▶ 음성인식, 웹뷰어                    **난이도** ▶ ★☆☆☆☆

**학습 목표**
- 음성인식 기능을 이용하여 웹페이지를 쉽게 검색할 수 있습니다.
- 웹뷰어를 이용하여 웹페이지를 앱에 표시할 수 있습니다

▶ 앱 실행 동작 영상 미리보기 QR코드    링크 주소 : http://nal.la/XCLxvK

## 앱화면 미리보기

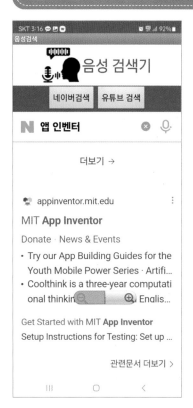

## 앱 계획하기

1 음성인식 기능으로 검색할 서비스를 선택합니다.

2 네이버와 유튜브의 검색 기능을 확인합니다.

3 웹뷰어에 검색 결과를 표시해 줍니다.

## 미리 준비하기

### 이미지 준비하기

[제공자료]의 [VoiceSearch] 폴더에서 이미지 [voice.png] 파일을 준비합니다.

## 앱 인벤터 프로젝트 만들기

VoiceSearch 이름으로 앱 인벤터 프로젝트를 생성합니다.

## [디자이너] 앱 화면 구성하기

### 미디어 파일 올리기

**01** 앱에 필요한 이미지와 음원 파일을 미디어 메뉴에서 등록합니다.

**02** [voice.png] 파일이 올라간 것을 확인합니다.

**03** [All Components]의[Screen1]의 속성을 아래와 같이 변경합니다.

- 수평정렬: 가운데: 3   • 수직정렬: 가운데: 2   • 제목: 음성 검색기

**04** [레이아웃]에서 [수평배치]를 뷰어에 위치한 다음 속성을 아래와 같이 변경합니다.

- 수평정렬: 가운데: 3
- 수직정렬: 가운데: 2
- 너비: 부모 요소에 맞추기

**05** [사용자 인터페이스]에서 [이미지]를 뷰어에 위치한 다음 속성을 아래와 같이 변경합니다.

- 사진: voice.png 이미지를 올립니다.

[사용자 인터페이스]에서 [레이블]을 뷰어에 위치한 다음 속성을 아래와 같이 변경합니다.

- 글꼴굵게 : ∨
- 글꼴크기 : 30
- 텍스트: 음성 검색기
- 텍스트 색상: 파랑

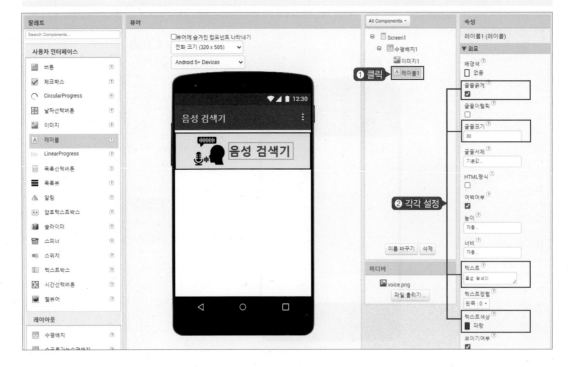

**06** [레이아웃]에서 [수평배치]를 뷰어에 위치한 다음 속성을 아래와 같이 변경합니다.

- 수평정렬: 가운데:3  • 수직정렬: 가운데:2  • 배경색: 파랑  • 너비: 부모 요소에 맞추기

**07** [사용자 인터페이스]에서 [버튼]을 선택 후 [수평배치2]에 위치한 다음 이름을 [버튼_네이버]으로 변경 후 속성을 아래와 같이 변경합니다.

- 텍스트 : 네이버 검색

[사용자 인터페이스]에서 [버튼]을 선택 후 [수평배치2]에 위치한 다음 이름을 [버튼_유튜브]으로 변경 후 속성을 아래와 같이 변경합니다.

- 텍스트 : 유튜브 검색

**08** [사용자 인터페이스]에서 [웹뷰어]를 뷰어에 위치합니다.

**09** [미디어]에서 [음성인식]를 선택 후 [뷰어]에 위치합니다.

[미디어]에서 [음성인식]를 선택 후 [뷰어]에 위치합니다. 보이지 않는 컴포넌트로 등록됩니다.

## [블록]으로 코딩하기

**01** [버튼_네이버 클릭했을때] 음성인식1 의 텍스트가져오기를 호출합니다.

**02** [음성인식1 텍스트가져온후에] 인식된 결과를 URL로 만들어서 웹뷰어를 호출합니다.

**03** 웹브라우저를 열고 www.naver.com에서 "앱인벤터"로 검색하여 주소창의 주소를 복사합니다.

**04** 마지막 &query= 뒤에 붙는 키워드를 통해 검색이 이루어집니다.

음성인식한 결과를 주소 마지막에 붙여서 웹뷰어의 URL을 넣어줍니다.

https://search.naver.com/search.naver?where=nexearch&sm=top_hty&fbm=0&ie=utf8&query=앱인벤터

**05** [버튼_유튜브 클릭했을때] 음성인식2 의 텍스트가져오기를 호출합니다.

언제 버튼_유튜브 ▼ .클릭했을때
실행 호출 음성인식2 ▼ .텍스트가져오기

**06** [음성인식2 텍스트가져온후에] 인식된 결과를 URL로 만들어서 웹뷰어를 호출합니다.

언제 음성인식2 ▼ .텍스트가져온후에
결과    partial
실행 호출 웹뷰어1 ▼ .URL로이동하기
             url  ⚙ 합치기  ' https://www.youtube.com/results?search_query= '
                          가져오기 결과 ▼

**07** www.youtube.com 접속하여 "앱인벤터"로 검색하여 주소창의 주소를 복사합니다.

**08** 마지막 ?search_query= 뒤에 붙는 키워드를 통해 검색이 이루어집니다.
음성인식한 결과를 주소 마지막에 붙여서 웹뷰어의 URL을 넣어줍니다.

https://www.youtube.com/results?search_query=앱인벤터

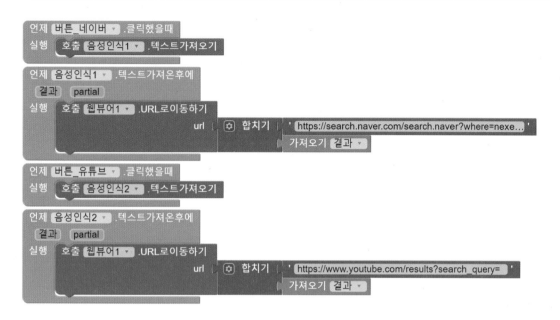

## 결과 확인

검색 버튼을 눌러 음성으로 검색 후 결과를 확인할 수 있습니다.

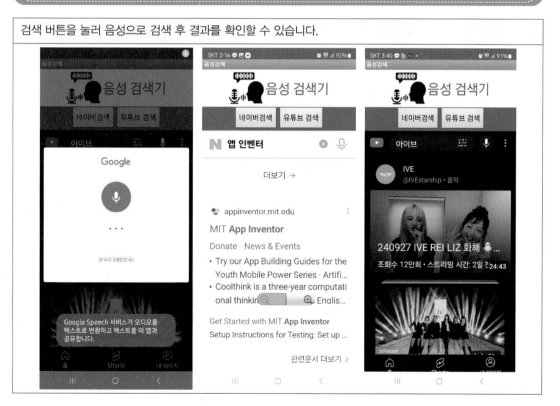

# 04 작품
# 해외여행 음성번역 앱 만들기

**주요기능** 음성인식, 음성출력, 번역   **난이도** ★★☆☆☆

**학습 목표** 해외여행시에 한글로 입력하면 선택한 언어의 나라로 말을 해주는 앱을 만들어봅니다. [번역] 기능을 이용하여 선택한 언어로 번역 후 [음성변환] 기능을 이용하여 번역된 음성을 읽어 스피커로 출력합니다.

▶ 앱 실행 동작 영상 미리보기 QR코드    링크 주소 : http://nal.la/m0b2sw

## 앱화면 미리보기

## 앱 계획하기

1️⃣ 한글을 입력할 입력부분을 만듭니다.

2️⃣ 영어, 일본어, 중국어를 선택 할 수 있는 선택 부분을 구현합니다.

3️⃣ 말하기 시작 버튼을 누르면 입력한 한글이 번역되어 선택한 언어로 말을합니다.

## 미리 준비하기

### 이미지 준비하기

[제공자료]의 [travel_voice_translation] 폴더에서 비행기 이미지인 [image1.png] 이미지 파일을 준비합니다.

## 앱 인벤터 프로젝트 만들기

travel_voice_transiation 이름으로 앱 인벤터 프로젝트를 생성합니다.

## [디자이너] 앱 화면 구성하기

**01** [레이아웃]에서 [수평배치]를 뷰어에 위치한 다음 속성을 아래와 같이 변경합니다.

- 수평정렬: 가운데: 3   • 수직정렬: 가운데: 2   • 높이: 70픽셀   • 너비: 부모요소에 맞추기

**02** [미디어]에서 [파일 올리기..]를 선택 후 [제공자료]의 [travel_voice_translation] 폴더에서 비행기 이미지인 [image1.png] 파일을 선택 후 업로드 합니다.

**03** [사용자 인터페이스]에서 [이미지]를 선택 후 [수평배치1]에 위치한 다음 속성을 아래와 같이 변경합니다.

- 높이: 50픽셀   • 너비: 50픽셀   • 사진: [image1.png]로 선택합니다.

**04** [사용자 인터페이스]에서 [레이블]을 선택 후 [수평배치1]에 위치한 다음 속성을 아래와
같이 변경합니다.

- 텍스트: 해외여행 음성번역

**05** [사용자 인터페이스]에서 [이미지]를 선택 후 [수평배치1]에 위치한 다음 속성을 아래와
같이 변경합니다.

- 높이: 50픽셀    • 너비: 50픽셀    • 사진: [image1.png]로 선택합니다.

**06** [레이아웃]에서 [수평배치]를 뷰어에 위치한 다음 속성을 아래와 같이 변경합니다.

- 수평정렬: 가운데:3 · 수직정렬: 위:1 · 높이: 200픽셀 · 너비: 부모요소에 맞추기

**07** [사용자 인터페이스]에서 [텍스트박스]를 선택 후 [수평배치2]에 위치한 다음 이름을 [텍스트박스_입력]으로 변경 후 속성을 아래와 같이 변경합니다.

- 높이: 80퍼센트 · 너비: 80퍼센트 · 여러줄: 체크

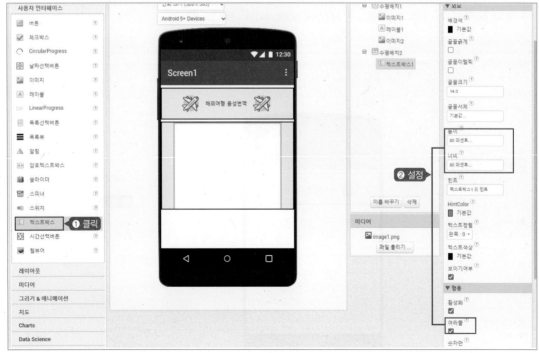

**08** [레이아웃]에서 [수평배치]를 뷰어에 위치한 다음 속성을 아래와 같이 변경합니다.

- 수평정렬: 가운데:3  - 수직정렬: 가운데:2  - 높이: 50픽셀  - 너비: 부모요소에 맞추기

**09** [사용자 인터페이스]에서 [스피터]를 선택 후 [수평배치3]에 위치한 다음 이름을 [스피너_나라선택]으로 변경합니다. 속성은 수정하지 않습니다.

**10** [사용자 인터페이스]에서 [레이블]을 선택 후 [수평배치3]에 위치한 다음 속성을 아래와 같이 변경합니다.

- 텍스트: 로 (로를 입력 후 스페이스를 3~4칸 띄웁니다.)

**11** [사용자 인터페이스]에서 [버튼]을 선택 후 [수평배치3]에 위치한 다음 이름을 [버튼_말하기시작]으로 변경 후 속성을 아래와 같이 변경합니다.

- 텍스트: 말하기 시작

⓬ [미디어]에서 [Translator]를 선택 후 [뷰어]에 위치합니다. 보이지 않는 컴포넌트로 등록됩니다.

⓭ [미디어]에서 [음성변환]을 선택 후 [뷰어]에 위치합니다. 보이지 않는 컴포넌트로 등록됩니다. 속성으로 피치, 말하기 속도 등을 수정할 수 있습니다.

## [블록]으로 코딩하기

**01** [변수]에서 전역변수를 만들고 이름을 "언어코드"로 변경 후 [텍스트]에서 빈텍스트를 넣어 en으로 변경합니다.

전역변수 만들기 언어코드 초기값 " en "

**02** [Screen1]이 초기화되었을 때 스피너에 요소를 영어, 일본어, 중국어를 입력합니다. 기본 선택된 값을 영어로 지정합니다.

※ 스피너는 여러개의 값을 선택할 수 있는 버튼입니다.

언제 Screen1 ▾ .초기화되었을때
실행 지정하기 스피너_나라선택 ▾ . 요소 ▾ 값 ⚙ 리스트 만들기 " 영어 "
                                              " 일본어 "
                                              " 중국어 "
     지정하기 스피너_나라선택 ▾ . 선택된항목 ▾ 값 " 영어 "

**03** [스피너_나라선택]이 되면 선택된 항목을 전역변수 언어코드를 en, ja, zh로 설정합니다. 번역시에 언어코드로 입력되어야 정상적으로 번역이 됩니다.

언제 스피너_나라선택 ▾ .선택후에
선택된항목
실행 ⚙ 만약      가져오기 선택된항목 ▾ = ▾ " 영어 "
     이라면 실행 지정하기 전역변수 언어코드 ▾ 값 " en "
     ⚙ 만약      가져오기 선택된항목 ▾ = ▾ " 일본어 "
     이라면 실행 지정하기 전역변수 언어코드 ▾ 값 " ja "
     ⚙ 만약      가져오기 선택된항목 ▾ = ▾ " 중국어 "
     이라면 실행 지정하기 전역변수 언어코드 ▾ 값 " zh "

**04** [버튼_말하기시작]을 클릭하면 텍스트박스의 한글을 선택한 언어코드를 이용하여 번역합니다.

언제 버튼_말하기시작 ▾ .클릭했을때
실행 호출 Translator1 ▾ .번역요청하기
          번역언어코드 가져오기 전역변수 언어코드 ▾
          번역할텍스트 텍스트박스_입력 ▾ . 텍스트 ▾

**05** 번역이 완료되면 번역된 언어로 언어를 선택 후 말하기를 시작합니다.

```
언제 Translator1 ▼ .번역을받았을때
응답코드 번역
실행  지정하기 음성변환1 ▼ . 국가 ▼ 값 ▶ 가져오기 전역변수 언어코드 ▼
     호출 음성변환1 ▼ .말하기
                  메시지 ▶ 가져오기 번역 ▼
```

## 완성된 전체 블록 코드 보기  🌐 완성 파일 ▶ travel_voice_translation.aia

전체 블록은 다음과 같습니다.

```
전역변수 만들기 언어코드 초기값 ▶ " en "
```

```
언제 Screen1 ▼ .초기화되었을때
실행  지정하기 스피너_나라선택 ▼ . 요소 ▼ 값 ▶ ⚙ 리스트 만들기 ▶ " 영어 "
                                                         " 일본어 "
                                                         " 중국어 "
     지정하기 스피너_나라선택 ▼ . 선택된항목 ▼ 값 ▶ " 영어 "
```

```
언제 스피너_나라선택 ▼ .선택후에
선택된항목
실행  ⚙ 만약         가져오기 선택된항목 ▼ = ▼ " 영어 "
     이라면 실행 지정하기 전역변수 언어코드 ▼ 값 ▶ " en "

     ⚙ 만약         가져오기 선택된항목 ▼ = ▼ " 일본어 "
     이라면 실행 지정하기 전역변수 언어코드 ▼ 값 ▶ " ja "

     ⚙ 만약         가져오기 선택된항목 ▼ = ▼ " 중국어 "
     이라면 실행 지정하기 전역변수 언어코드 ▼ 값 ▶ " zh "
```

```
언제 버튼_말하기시작 ▼ .클릭했을때
실행  호출 Translator1 ▼ .번역요청하기
           번역언어코드 ▶ 가져오기 전역변수 언어코드 ▼
           번역할텍스트 ▶ 텍스트박스_입력 ▼ . 텍스트 ▼
```

```
언제 Translator1 ▼ .번역을받았을때
응답코드 번역
실행  지정하기 음성변환1 ▼ . 국가 ▼ 값 ▶ 가져오기 전역변수 언어코드 ▼
     호출 음성변환1 ▼ .말하기
                  메시지 ▶ 가져오기 번역 ▼
```

## 결과 확인

앱의 시작화면입니다. 텍스트박스에 번역하고 싶은 한글을 입력합니다. 또한 번역하고 싶은 나라를 선택합니다. [말하기 시작] 버튼을 누르면 내가 입력한 한글이 번역되어 음성으로 출력합니다.

# 05 작품
# 폭탄 게임 앱 만들기

**주요기능** 소리, 시계　　　　　　　　**난이도** ★★☆☆☆

**학습목표**
- 입력된 시간안에 자기소개 또는 미션을 수행하는 폭탄 게임을 만들어 봅니다.
- 시계 센서를 이용하여 시간을 체크할 수 있습니다.
- 소리 컴포넌트로 효과음을 출력해 게임을 즐겁게 할 수 있습니다.

▶ 앱 실행 동작 영상 미리보기 QR코드  링크 주소 : http://nal.la/PjJmoQ

## 앱화면 미리보기

## 앱 계획하기

1️⃣ 시간을 설정하는 입력칸을 만듭니다.

2️⃣ "시작" 버튼을 클릭하면 시간을 측정하는 시계가 활성화 되며, "정지" 버튼으로 변경합니다.

3️⃣ 예상된 10초가 된 경우 정지 버튼을 누릅니다. 결과가 표시됩니다.

4️⃣ 입력된 시간 10초가 지나면 폭탄이 터지면서 게임이 종료됩니다.

5️⃣ 초기화 버튼을 클릭하면 입력초가 초기화 되고 다시 게임을 시작할 수 있는 상태가 됩니다.

## 미리 준비하기

### 이미지 준비하기

[제공자료]의 [BoomGame] 폴더에서 시계 이미지인 [boom1.png][boom2.png] 이미지 파일을 준비합니다.

### 음원 준비하기

[제공자료]의 [BoomGame] 폴더에서 알람 소리인 [boom1.mp3] [clock.mp3] 음원 파일을 준비합니다.

## 앱 인벤터 프로젝트 만들기

BookGame 이름으로 앱 인벤터 프로젝트를 생성합니다.

## [디자이너] 앱 화면 구성하기

### 미디어 파일 올리기

**01** 앱에 필요한 이미지와 음원 파일을 미디어 메뉴에서 등록합니다.

**02** [boom1.png][boom2.png][boom1.mp3] [clock.mp3] 4개의 파일이 올라간 것을 확인합니다.

**03** [사용자 인터페이스]에서 [레이블]을 뷰어에 위치한 다음 속성을 아래와 같이 변경합니다.

- HTML형식: ∨체크    • 너비: 부모요소에 맞추기    • 텍스트정렬:가운데:1
- 텍스트: 입력된 시간 동안 자기소개를 해주세요.〈br〉 시간이 초과되면 폭탄이 터집니다.

**04** [레이아웃]에서 [수평배치]를 뷰어에 위치한 다음 속성을 아래와 같이 변경합니다.

- 수평정렬: 가운데: 3    • 수직정렬: 가운데 :2    • 높이: 20퍼센트    • 너비: 부모 요소에 맞추기

**05** [사용자 인터페이스]에서 [텍스트박스]를 선택 후 [수평배치1]에 위치한 다음 이름을 [텍스트박스_초입력]으로 변경 후 속성을 아래와 같이 변경합니다.

- 글꼴크기: 25   • 힌트: 목표 초 입력   • 텍스트 정렬: 가운데:1

**06** [사용자 인터페이스]에서 [레이블2]를 선택 후 [수평배치1]에 위치한 다음 속성을 아래와 같이 변경합니다.

- 글꼴크기: 25   • 텍스트: 초

**07** [사용자 인터페이스]에서 [이미지]을 선택 후 뷰어에 위치한 다음 이름을 [이미지_폭탄]
으로 변경 후 속성을 아래와 같이 변경합니다.

- 너비: 부모 요소에 맞추기    • 사진: boom2.png

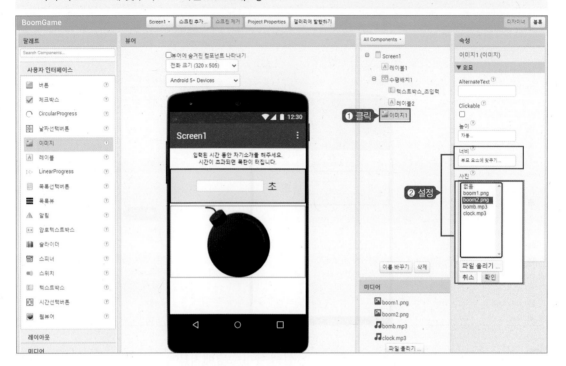

**08** [레이아웃]에서 [수평배치]를 뷰어에 위치한 다음 속성을 아래와 같이 변경합니다.

- 너비: 부모 요소에 맞추기

[사용자 인터페이스]에서 [버튼]을 선택 후 [수평배치2]에 위치한 다음 이름을 [버튼_시작
정지]로 변경 후 속성을 아래와 같이 변경합니다.

- 글꼴굵게 : ∨    • 글꼴크기 :17    • 너비: 부모 요소에 맞추기    • 텍스트: 시작

[사용자 인터페이스]에서 [버튼]을 선택 후 [수평배치2]에 위치한 다음 이름을 [버튼_초기
화]로 변경 후 속성을 아래와 같이 변경합니다.

- 글꼴굵게 : ∨    • 글꼴크기 :17    • 너비: 부모 요소에 맞추기    • 텍스트: 초기화

**09** [미디어]에서 [소리]를 선택 후 [뷰어]에 위치합니다. 보이지 않는 컴포넌트로 등록됩니다.

- 최소간격: 500 · 소스: bomb.mp3 (폭탄 터지는 소리)

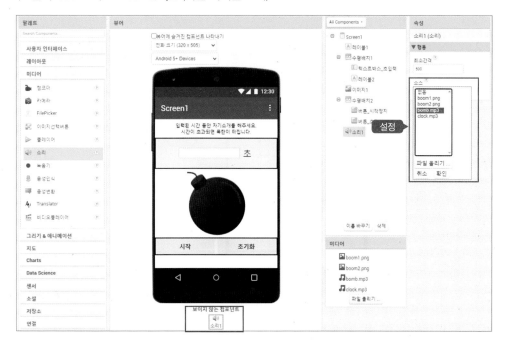

**10** [미디어]에서 [소리]를 선택 후 [뷰어]에 위치합니다. 보이지 않는 컴포넌트로 등록됩니다.

- 최소간격: 100 · 소스: clock.mp3 (초시계가 흐르는 효과 소리)

⑪ [센서]에서 [시계]를 선택 후 [뷰어]에 위치합니다. 보이지 않는 컴포넌트로 등록됩니다.

⑫ 마지막으로 Screen1을 선택한 후 앱의 제목을 [폭탄넘기기 게임]으로 설정해 줍니다.

## [블록]으로 코딩하기

**01** [변수]에서 전역변수를 만들고 이름을 "초"로 변경 후 [숫자]에서 초기값을 '0'으로 변경 합니다.

`전역변수 만들기 초 초기값 0`

**02** [버튼_시작정지 클릭했을 때], 시작인 경우와 정지인 경우 코드를 추가합니다.
시작인 경우 시계를 활성화 시키고, 버튼의 텍스트값을 [정지]로 변경합니다.
키보드 입력을 막기 위해 키보드화면 숨기기를 추가합니다.

```
언제 버튼_시작정지.클릭했을때
실행  만약        버튼_시작정지.텍스트 = '시작'
     이라면 실행   지정하기 시계1.타이머활성화여부 값 참
                지정하기 버튼_시작정지.텍스트 값 '정지'
                호출 텍스트박스_초입력.키보드화면숨기기

     아니라면
```

**03** 정지 버튼 상태에서 클릭이 되었을 때 시계의 타이머를 멈추고, 버튼의 텍스트값을 [시작]으로 변경합니다. 지금까지의 시간 정보를 텍스트박스_초입력에 표시해 줍니다.

```
언제 버튼_시작정지.클릭했을때
실행  만약        버튼_시작정지.텍스트 = '시작'
     이라면 실행   지정하기 시계1.타이머활성화여부 값 참
                지정하기 버튼_시작정지.텍스트 값 '정지'
                호출 텍스트박스_초입력.키보드화면숨기기

     아니라면     지정하기 시계1.타이머활성화여부 값 거짓
                지정하기 버튼_시작정지.텍스트 값 '시작'
                지정하기 텍스트박스_초입력.텍스트 값  합치기  '결과:'
                                                    가져오기 전역변수 초
```

**04** [시계1 타이머가작동할 때] 게임이 시작되어 초를 1초씩 증가 시켜 줍니다.

```
언제 시계1.타이머가작동할때
실행  지정하기 전역변수 초 값   가져오기 전역변수 초 + 1
```

**05** 시간을 체크하여 게임이 종료된 경우와 진행중인 경우를 처리해 줍니다.

입력된 시간보다 초과된 경우엔 폭탄 터지는 이미지로 변경해 주고, 소리1(폭탄 터지는 소리) 재생해 주고, 타이머를 멈춥니다. 버튼 텍스트 값을 [시작]으로 변경해 줍니다.
게임이 진행중인 경우엔 이미지를 움직여 주고, 소리2(짹깍짹깍) 재생해 주고, 이미지를 흔드는 시간 효과를 줍니다.

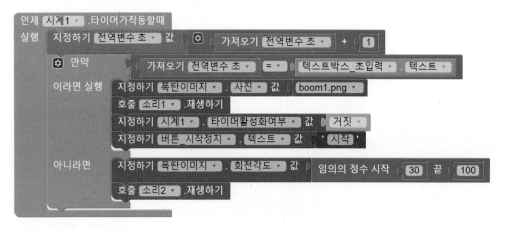

**06** [버튼_초기화를 클릭했을 때] 다음 게임을 할 수 있도록 정보를 초기화합니다.
[시계1의 타이머의 활성화]를 거짓으로 설정, [텍스트박스_초입력] 값을 "" 설정,
[버튼_시작정지]의 텍스트값을 [시작]으로 변경해줍니다. [전역변수 초]값을 0으로 초기화하고, [폭탄이미지]값을 기본값[boom2.png]로 변경해줍니다.

## 완성된 전체 블록 코드 보기

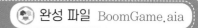 완성 파일 BoomGame.aia

전체 블록은 다음과 같습니다.

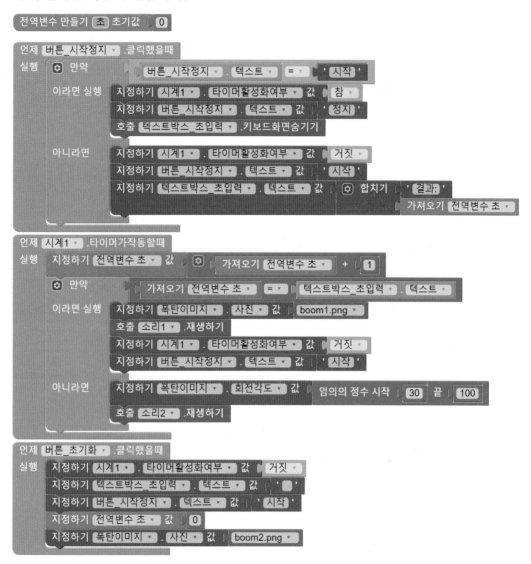

# 결과 확인

자기소개 또는 시간을 정해 놓고 미션을 수행하는 경우 사용하는 게임입니다.
폭탄게임으로 즐겁게 미션을 수행해 봅니다.

| | |
|---|---|
| 앱의 시작 화면입니다 | 게임이 진행중인 경우 폭탄이 움직이며 시간이 흐르는 소리효과가 나옵니다. |

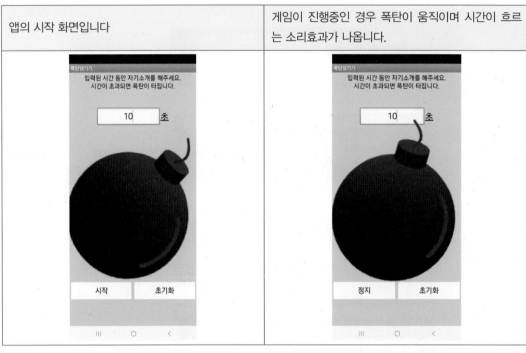

| | |
|---|---|
| 입력시간보다 먼저 정지를 누른 경우 결과를 표시해 줍니다. | 입력시간보다 시간이 흐른 경우 폭탄이 터집니다. |

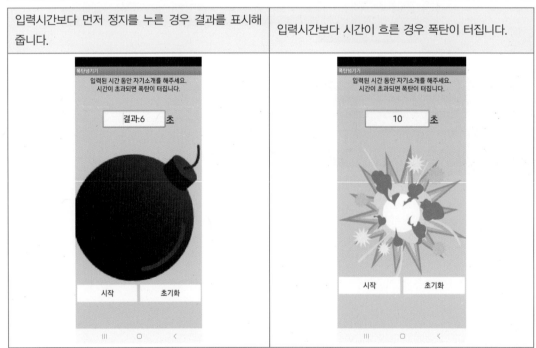

# 06 작품 수도 이름 퀴즈 앱 만들기

**주요기능** 음성출력으로 질문,음성을 인식하여 정답 or 오답을 알려줌    **난이도** ★★☆☆☆

**학습 목표**
- 수도이름을 음성으로 질문, 답변하는 앱을 만들어봅니다.
- [음성변환] 기능을 활용하여 음성으로 질문하고 [음성인식] 기능을 활용하여 답변을 인식하여 정답또는 오답을 출력해주는 앱을 완성하여봅니다.

▶ 앱 실행 동작 영상 미리보기 QR코드  링크 주소 : http::/nal.la/kBVc5V

## 앱화면 미리보기

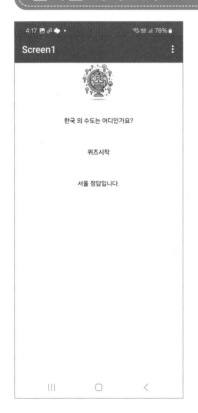

## 앱 계획하기

1️⃣ 나라이름과 수도 이름을 저장하는 리스트를 생성합니다.

2️⃣ 랜덤하더 나라이름을 출력하여 답변을 입력받습니다.

3️⃣ 음성인식으로 받은 답변이 수도 이름과 같다면 정답입니다는 출력하고 오답이라면 "오답입니다"를 음성으로 출력합니다.

## 미리 준비하기

### 이미지 준비하기

[제공자료]의 [Capital_Name_Quiz] 폴더에서 비행기 이미지인 [image1.png] 이미지 파일을 준비합니다.

## 앱 인벤터 프로젝트 만들기

Capital_Name_Quiz 이름으로 앱 인벤터 프로젝트를 생성합니다.

## [디자이너] 앱 화면 구성하기

**01** [레이아웃]에서 [수평배치]를 뷰어에 위치한 다음 속성을 아래와 같이 변경합니다.

- 수평정렬: 가운데: 3  · 수직정렬: 가운데: 2  · 높이: 80픽셀  · 너비: 부모요소에 맞추기

**02** [미디어]에서 [파일 올리기..]를 선택 후 [제공자료]의 [Capital_Name_Quiz] 폴더에서 질문 이미지인 [image1.png] 파일을 선택 후 업로드 합니다.

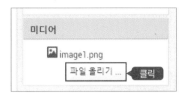

**03** [사용자 인터페이스]에서 [이미지]를 선택 후 [수평배치1]에 위치한 다음 속성을 아래와 같이 변경합니다.

- 높이: 80픽셀   • 너비: 80픽셀   • 사진: [image1.png]로 선택합니다.

**04** [레이아웃]에서 [수평배치]를 뷰어에 위치한 다음 속성을 아래와 같이 변경합니다.

- 수평정렬: 가운데: 3    • 수직정렬: 가운데: 2    • 높이: 80픽셀    • 높이: 너비: 부모요소에 맞추기

**05** [사용자 인터페이스]에서 [레이블]을 선택 후 [수평배치2]에 위치한 다음 이름을 [레이블_질문]으로 변경 후 속성을 아래와 같이 변경합니다.

- 텍스트: (없음)

**06** [레이아웃]에서 [수평배치]를 뷰어에 위치한 다음 속성을 아래와 같이 변경합니다.

- 수평정렬: 가운데: 3
- 수직정렬: 가운데: 2
- 높이: 50픽셀
- 너비: 부모요소에 맞추기

**07** [사용자 인터페이스]에서 [버튼]을 선택 후 [수평배치3]에 위치한 다음 이름을 [버튼_퀴즈시작]으로 변경 후 속성을 아래와 같이 변경합니다.

- 텍스트: 퀴즈시작

**08** [레이아웃]에서 [수평배치]를 뷰어에 위치한 다음 속성을 아래와 같이 변경합니다.

- 수평정렬: 가운데: 3  • 수직정렬: 가운데: 2  • 높이: 80픽셀  • 너비: 부모요소에 맞추기

**09** [사용자 인터페이스]에서 [레이블]을 선택 후 [수평배치2]에 위치한 다음 이름을 [레이블_답변]으로 변경 후 속성을 아래와 같이 변경합니다.

- 텍스트: (없음)

**⑩** [미디어]에서 [음성변환]을 선택 후 [뷰어]에 위치합니다. 보이지 않는 컴포넌트로 등록됩니다. 속성으로 피치, 말하기 속도 등을 수정할 수 있습니다.

**⑪** [미디어]에서 [음성인식]을 선택 후 [뷰어]에 위치합니다. 보이지 않는 컴포넌트로 등록됩니다.

🔢 [미디어]에서 [음성변환]을 선택 후 [뷰어]에 위치합니다. 보이지 않는 컴포넌트로 등록됩니다. 속성으로 피치, 말하기 속도 등을 수정할 수 있습니다.

## [블록]으로 코딩하기

🔢 [변수]에서 전역변수 만들기로 이름은 [나라_리스트]로 설정 후 [리스트]에서 [리스트_만들기]를 선택 후 [텍스트]에서 빈 텍스트를 입력 후 한국, 일본, 중국을 추가합니다.

전역변수 만들기 나라_리스트 초기값 ⚙ 리스트 만들기 『한국』
『일본』
『중국』

🔢 [변수]에서 전역변수 만들기로 이름은 [수도_리스트]로 설정 후 [리스트]에서 [리스트_만들기]를 선택 후 [텍스트]에서 빈 텍스트를 입력 후 서울, 도쿄, 베이징을 추가합니다. 나라_리스트에서 만들었던 나라와 수도의 순서를 맞추어 입력합니다.

전역변수 만들기 수도_리스트 초기값 ⚙ 리스트 만들기 『서울』
『도쿄』
『베이징』

**03** [변수]에서 전역변수 만들기로 이름은 [랜덤번호]로 설정 후 초기값을 숫자 1을 입력합니다.

`전역변수 만들기 랜덤번호 초기값 [1]`

**04** [버튼_퀴즈시작]을 클릭했을 때 임의정수 1부터 시작해서 전역변수의 나라_리스트의 수만큼의 숫자 중 하나를 랜덤하게 선택합니다.

나라_리스트에서 랜덤하게 선택된 나라를 텍스트에 입력 후 음성으로 질문을 합니다.

```
언제 [버튼_퀴즈시작 ▾] .클릭했을때
실행  지정하기 [전역변수 랜덤번호 ▾] 값  임의의 정수 시작 [1] 끝  길이 구하기 리스트  가져오기 [전역변수 나라_리스트 ▾]
      지정하기 [레이블_질문 ▾] . [텍스트 ▾] 값  [⚙ 합치기]  항목 선택하기 리스트  가져오기 [전역변수 나라_리스트 ▾]
                                                        위치  가져오기 [전역변수 랜덤번호 ▾]
                                                    " 의 수도는 어디인가요?"
      호출 [음성변환1 ▾] .말하기
              메시지 [레이블_질문 ▾] . [텍스트 ▾]
```

**05** 질문을 말한 다음에 음성인식을 호출합니다.

```
언제 [음성변환1 ▾] .말하기후에
   결과
실행  호출 [음성인식1 ▾] .텍스트가져오기
```

**06** 음성인식이 완료 후에 내가 말한 정답이 수도와 맞다면 "정답입니다"를 오답이면 정답을 알려줍니다.

```
언제 [음성인식1 ▾] .텍스트가져온후에
   결과  partial
실행  ⚙ 만약  가져오기 [결과 ▾] = ▾  항목 선택하기 리스트  가져오기 [전역변수 수도_리스트 ▾]
                                       위치  가져오기 [전역변수 랜덤번호 ▾]
     이라면 실행  지정하기 [레이블_답변 ▾] . [텍스트 ▾] 값  [⚙ 합치기]  항목 선택하기 리스트  가져오기 [전역변수 수도_리스트 ▾]
                                                                    위치  가져오기 [전역변수 랜덤번호 ▾]
                                                        " 정답입니다."
     아니라면  지정하기 [레이블_답변 ▾] . [텍스트 ▾] 값  [⚙ 합치기]  "오답입니다. 정답은"
                                                        항목 선택하기 리스트  가져오기 [전역변수 수도_리스트 ▾]
                                                                    위치  가져오기 [전역변수 랜덤번호 ▾]
                                                        " 입니다."
     호출 [음성변환2 ▾] .말하기
             메시지 [레이블_답변 ▾] . [텍스트 ▾]
```

완성 파일 ▶ Capital_Name_Quiz.aia

**완성된 전체 블록 코드 보기**

전체 블록은 다음과 같습니다.

```
전역변수 만들기 나라_리스트 초기값   리스트 만들기   한국
                                            일본
                                            중국

전역변수 만들기 수도_리스트 초기값   리스트 만들기   서울
                                            도쿄
                                            베이징

전역변수 만들기 랜덤번호 초기값 1

언제 버튼_퀴즈시작 .클릭했을때
실행  지정하기 전역변수 랜덤번호 값  임의의 정수 시작 1 끝  길이 구하기 리스트  가져오기 전역변수 나라_리스트
      지정하기 레이블_질문 . 텍스트 값   합치기  항목 선택하기 리스트  가져오기 전역변수 나라_리스트
                                                  위치  가져오기 전역변수 랜덤번호
                                            의 수도는 어디인가요?
      호출 음성변환1 .말하기
            메시지  레이블_질문 . 텍스트

언제 음성변환1 .말하기후에
  결과
실행  호출 음성인식1 .텍스트가져오기

언제 음성인식1 .텍스트가져온후에
  결과 partial
실행   만약    가져오기 결과  =  항목 선택하기 리스트  가져오기 전역변수 수도_리스트
                                          위치  가져오기 전역변수 랜덤번호
      이라면 실행 지정하기 레이블_답변 . 텍스트 값   합치기  항목 선택하기 리스트  가져오기 전역변수 수도_리스트
                                                          위치  가져오기 전역변수 랜덤번호
                                                    정답입니다.
      아니라면   지정하기 레이블_답변 . 텍스트 값   합치기  오답입니다. 정답은
                                              항목 선택하기 리스트  가져오기 전역변수 수도_리스트
                                                          위치  가져오기 전역변수 랜덤번호
                                              입니다.
      호출 음성변환2 .말하기
            메시지  레이블_답변 . 텍스트
```

[퀴즈시작] 버튼을 누르면 내가 입력한 나라 중 하나를 선택하여 질문을 합니다.

질문이 완료 후 답변을 말하면 정답 또는 오답을 음성으로 출력합니다.

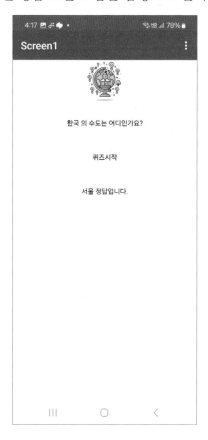

# 07

# 슈팅 비행기 게임 앱 만들기

주요기능 ▶ 캔버스,이미지스프라이트

난이도 ▶ ★★★☆☆

학습 목표
- 캔버스 기능을 이용하여 슈팅 비행기 게임을 만들어 봅니다.
- 시계 컴포넌트를 이용하여 시간을 체크할 수 있습니다.
- 소리 컴포넌트로 효과음을 출력해 게임을 즐겁게 할 수 있습니다.

▶ 앱 실행 동작 영상 미리보기 QR코드    링크 주소 : http::/nal.la/md-ifc

## 앱화면 미리보기

## 앱 계획하기

1️⃣ 이미지 스프라이트, 공을 이용하여 게임을 만듭니다.

2️⃣ 이미지_로케트는 드래그하는 경우 X축(좌우)이동을 합니다.

3️⃣ 이미지 로케트를 터치하는 경우 총알이 발사됩니다.

4️⃣ 총알이 이미지_우주선과 충돌하는 경우 점수가 1점 증가합니다.

5️⃣ 이미지_우주선은 시계 타이머 기능에 따라 랜덤한 위치로 이동합니다.

6️⃣ "시작" 버튼을 클릭하면 점수가 초기화됩니다

## 미리 준비하기

### 이미지 준비하기

[제공자료]의 [FlightGame] 폴더에서 [rocket.png][saucer.png][sky.jpg] 이미지 파일을 준비합니다.

### 음원 준비하기

[제공자료]의 [FlightGame] 폴더에서 효과음 소리인 [bom.mp3] 음원 파일을 준비합니다.

## 앱 인벤터 프로젝트 만들기

Capital_Name_Quiz 이름으로 앱 인벤터 프로젝트를 생성합니다.

## [디자이너] 앱 화면 구성하기

### 미디어 파일 올리기

**01** 앱에 필요한 이미지와 음원 파일을 미디어 메뉴에서 등록합니다.

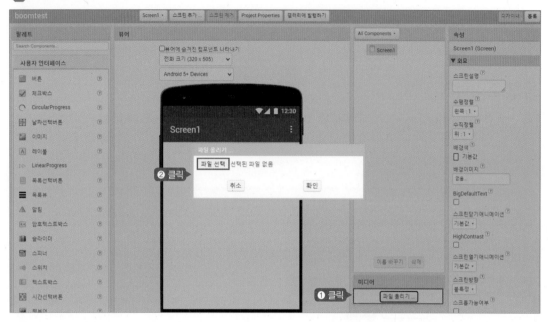

**02** [rocket.png][saucer.png][sky.jpg][bom.mp3] 4개의 파일이 올라간 것을 확인합니다.

**03** [그리기&애니메이션]에서 [캔버스]를 뷰어에 위치한 다음 속성을 아래와 같이 변경합니다.

- 배경이미지: sky.jpg　　• 높이: 50 페센트　　• 너비: 부모 요소에 맞추기

**04** [그리기&애니메이션]에서 [이미지스프라이트]를 선택 후, [캔버스1]에 위치한 다음 이름을 [이미지_로케트]로 변경 후 속성을 아래와 같이 변경합니다.

- 사진: rocket.png

[그리기&애니메이션]에서 [이미지스프라이트]를 선택 후, [캔버스1]에 위치한 다음 이름을 [이미지_우주선]으로 변경 후 속성을 아래와 같이 변경합니다.

- 사진: saucer.png

**05** [그리기&애니메이션]에서 [공]을 선택 후, [캔버스1]에 위치한 다음 속성을 아래와 같이 변경합니다.

- 페인트색상: 초록   • 반지름 : 8

**06** [레이아웃]에서 [수평배치]를 뷰어에 위치한 다음 속성을 아래와 같이 변경합니다.

- 수평정렬: 가운데:3   • 너비: 부모 요소에 맞추기

**07** [사용자 인터페이스]에서 [레이블]을 선택 후 [수평배치1]에 위치한 다음 속성을 아래와 같이 변경합니다.

• 글꼴굵게: ∨체크    • 글꼴크기: 30    • 텍스트 정렬: 점수:

[사용자 인터페이스]에서 [레이블]을 선택 후 [수평배치1]에 위치한 다음 이름을 [레이블_점수]으로 변경 후 속성을 아래와 같이 변경합니다.

• 글꼴굵게: ∨체크    • 글꼴크기: 30    • 텍스트 정렬: 0

**08** [사용자 인터페이스]에서 [버튼]을 선택 후 뷰어에 위치한 다음 이름을 [버튼_시작]으로 변경 후 속성을 아래와 같이 변경합니다.

- 글꼴굵게: 체크   · 글꼴크기: 30   · 너비: 부모 요소에 맞추기   · 텍스트: 시작

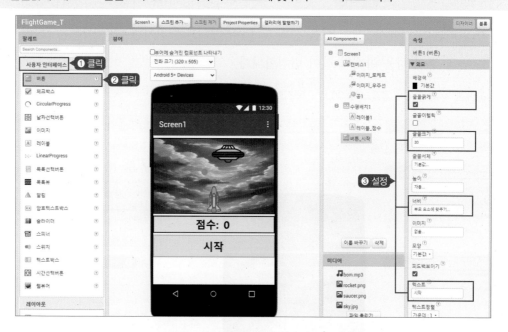

**09** [미디어]에서 [소리]를 선택 후 [뷰어]에 위치합니다. 보이지 않는 컴포넌트로 등록됩니다. [센서]에서 [시계]를 선택 후 [뷰어]에 위치합니다. 보이지 않는 컴포넌트로 등록됩니다.

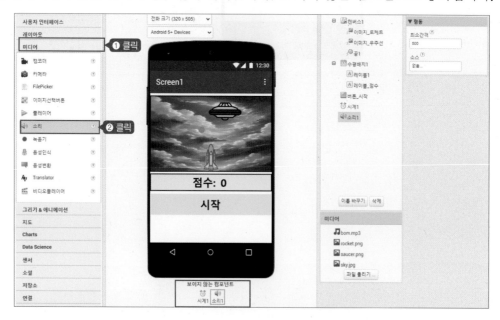

## [블록]으로 코딩하기

**01** [Screen1.초기화되었을 때] 공1은 숨기고, 이미지_로케트의 Y 위치값을 캔버스의 높이로 맞춥니다.

```
언제 Screen1 ▼ .초기화되었을때
실행   지정하기 공1 ▼ . 보이기여부 ▼ 값  거짓 ▼
       지정하기 이미지_로케트 ▼ . Y ▼ 값  캔버스1 ▼ . 높이 ▼
```

**02** [이미지_로케트.드래그] 이벤트가 발생된 경우 [이미지_로케트]의 X좌표 좌우로 움직이는 값을 [현재X]값으로 지정합니다.

```
언제 이미지_로케트 ▼ .드래그
  시작X  시작Y  이전X  이전Y  현재X  현재Y
실행   지정하기 이미지_로케트 ▼ . X ▼ 값  가져오기 현재X ▼
```

**03** [이미지_로케트. 터치했을 때] 공이 발사되는 효과를 줍니다.
[이미지_로케트]의 중심에서 나갈수 있도로고 x 값을 계산해 줍니다.
[공1] 보이기여부를 참으로 하고, 속도는 20, 방향은 90으로 정해줍니다.

```
언제 이미지_로케트 ▼ .터치했을때
  X  Y
실행   호출 공1 ▼ .좌표로이동하기
                    X  ⚙ 이미지_로케트 ▼ . X ▼ + 이미지_로케트 ▼ . 너비 ▼ / 2
                    Y  이미지_로케트 ▼ . Y ▼ - 20
       지정하기 공1 ▼ . 보이기여부 ▼ 값  참 ▼
       지정하기 공1 ▼ . 속도 ▼ 값  20
       지정하기 공1 ▼ . 방향 ▼ 값  90
```

**04** [공1.충동했을 때] 이벤트가 발생하면 공1을 보이지 않게 하고, 점수값을 1점 올려줍니다. [이미지_우주선]의 x값을 랜덤한 위치로 움직여 줍니다.

```
언제 공1 ▼ .충동했을때
  다른
실행   지정하기 공1 ▼ . 보이기여부 ▼ 값  거짓 ▼
       지정하기 레이블_점수 ▼ . 텍스트 ▼ 값  ⚙ 레이블_점수 ▼ . 텍스트 ▼ + 1
       지정하기 이미지_우주선 ▼ . X ▼ 값  임의의 정수 시작 1 끝  캔버스1 ▼ . 너비 ▼ - 이미지_우주선 ▼ . 너비 ▼
```

**05** [공1.모서리에닿았을 때] 공1을 사라지게 합니다.

**06** [시계1.타이머가작동할 때] 주기적으로 [이미지_우주선]의 위치를 랜덤한 값으로 변경시켜 줍니다.

**07** [버튼_시작.클릭했을 때] 이벤트가 발생되면, 레이블_점수값을 초기화해서 다음 게임을 시작할 수 있도록 만듭니다.

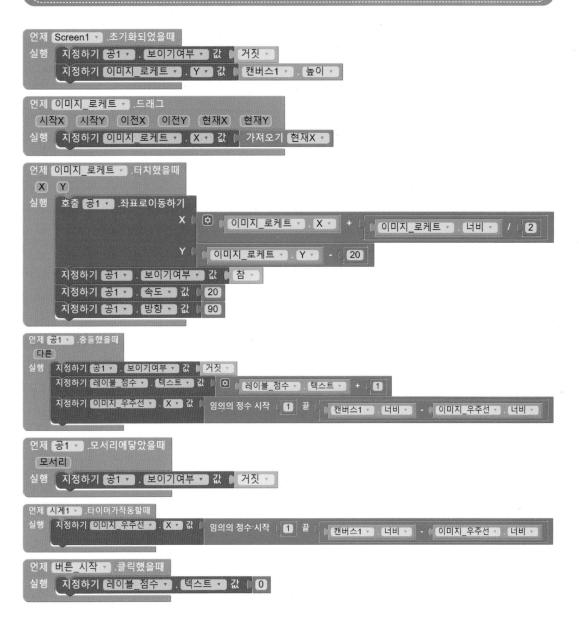

| 로케트를 좌우로 움직이며 터치하여 우주선을 쏘는 게임입니다. | 총알과 우주선이 충돌한 경우 점수가 증가하고, 시작 버튼을 누르면 점수가 초기화 됩니다. |
| --- | --- |
|  | 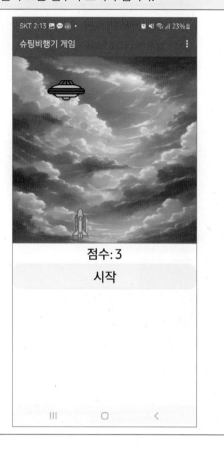 |

# 08 작품
# 알람 Timer 앱 만들기

**주요기능** 시계,플레이어          **난이도** ★★★☆☆

**학습 목표**
- 설정한 시간이 지나면 알람으로 알려주는 타이머를 만들 수 있습니다.
- 시계 센서 타이머활성화 여부를 활용하여 타이머를 제어할 수 있습니다.
- 플레이어를 사용하여 오디오를 재생할 수 있습니다.

▶ 앱 실행 동작 영상 미리보기 QR코드    링크 주소 : http://nal.la/YvDh_7

## 앱화면 미리보기

## 앱 계획하기

1 시간을 설정하는 입력칸을 만듭니다.

2 초 알람, 분 알람을 설정할 수 있는 버튼을 2개 만듭니다.

3 초/분 알람 버튼을 누르면 남은 시간이 카운트다운 됩니다.

4 알람끄기 버튼을 누르면 알람이 꺼지고 초기화 됩니다.

### 이미지 준비하기

**방법 1)** 뤼튼 AI이미지 생성하기를 이용하여 알람시계 이미지를 만들어 봅니다.

– 키워드 입력 : 일러스트 스타일의 시계를 그리고 싶어, 시계의 모양은 자명종 모양으로 그려주고, 핑크색 계열로 따뜻하고 귀여운 시계로 그려줘

생성된 이미지를 [AlarmClock.png] 이름으로 저장하여 사용합니다.

**방법 2)** [제공자료]의 [AlarmTimer] 폴더에서 시계 이미지인 [AlarmClock.png] 이미지 파일을 준비합니다.

### 음원 준비하기

[제공자료]의 [AlarmTimer] 폴더에서 알람 소리인 [alarm_sound.mp3] 음원 파일을 준비합니다.

## 앱 인벤터 프로젝트 만들기

AlarmTimer 이름으로 앱 인벤터 프로젝트를 생성합니다.

## [디자이너] 앱 화면 구성하기

**01** [사용자 인터페이스]에서 [이미지1]를 뷰어에 위치한 다음 속성을 아래와 같이 변경합니다.

- 높이: 50퍼센트    • 너비: 부모요소에 맞추기
- 사진: [파일올리기]를 선택한 후 알람시계 AlarmClock.png 이미지를 올립니다.

**02** [레이아웃]에서 [수평배치]를 [뷰어]에 위치한 다음 속성을 아래와 같이 변경합니다.

- 높이: 50픽셀    • 너비: 부모 요소에 맞추기    • 수직 정렬: 2

**03** [사용자 인터페이스]에서 [텍스트박스]를 선택 후 [수평배치1]에 위치한 다음 이름을 [텍스트박스1_시간입력]으로 변경 후 속성을 아래와 같이 변경합니다.

- 글꼴크기: 20   • 높이: 부모 요소에 맞추기   • 텍스트 정렬: 1   • 힌트: 시간입력

**04** [사용자 인터페이스]에서 [버튼]을 선택 후 [수평배치1]에 위치한 다음 이름을 [버튼1_초알람]으로 변경 후 속성을 아래와 같이 변경합니다.

- 글꼴굵게 : ∨   • 글꼴크기 :16   • 텍스트 정렬: 1   • 높이: 부모 요소에 맞추기
- 너비: 부모 요소에 맞추기   • 텍스트: 초 알람

[사용자 인터페이스]에서 [버튼]을 선택 후 [수평배치1]에 위치한 다음 이름을 [버튼2_분알람]으로 변경 후 속성을 아래와 같이 변경합니다.

- 글꼴굵게 : ∨   • 글꼴크기 :16   • 높이 : 부모 요소에 맞추기   • 너비 : 부모 요소에 맞추기
- 텍스트 : 분 알람

**05** [사용자 인터페이스]에서 [레이블]을 선택 후 이름을 [레이블_카운트다운]으로 변경 후 속성을 아래와 같이 변경합니다.

- 글꼴크기: 40 • 높이: 10퍼센트 • 너비: 부모 요소에 맞추기 • 텍스트: 카운트다운 • 텍스트정렬: 가운데 1

**06** [사용자 인터페이스]에서 [버튼]을 선택 후 이름을 [버튼_알람끄기]로 변경 후 속성을
아래와 같이 변경합니다.

- 배경색: 어두운 회색  • 글꼴크기: 20  • 높이: 10퍼센트  • 너비: 부모 요소에 맞추기
- 텍스트: 알람 끄기  • 텍스트정렬: 가운데 1

**07** [미디어]에서 [플레이어]를 선택 후 [뷰어]에 위치합니다. 보이지 않는 컴포넌트로 등록됩니다.

- 반복: 체크 ∨ ( 알람이 반복해서 울리게 하려면 꼭 체크 해 주세요. )
- 소스: [파일 올리기]를 클릭 후 [alarm_sound.mp3] 파일을 올린 후 [확인]을 눌러 줍니다.

**08** [센서]에서 [시계]를 선택 후 [뷰어]에 위치합니다. 보이지 않는 컴포넌트로 등록됩니다.

- 타이머항상작동: 비활성화
- 타이머활성화여부: 비활성화

**09** 마지막으로 Screen1을 선택한 후 앱의 제목을 [AlarmTimer]로 설정해 줍니다.

## [블록]으로 코딩하기

**01** 타이머 시간 설정을 하면 남은 시간을 보여주기 위해 사용할 변수를 만듭니다. [변수]에서 [전역변수를 만들기] 블록을 갖고와 이름을 "알람_카운트다운"으로 변경 후 [숫자]에서 초기값을 '0'으로 변경합니다.

```
전역변수 만들기 알람_카운트다운 초기값 [ 0 ]
```

**02** [버튼1_초알람을 클릭했을 때] 타이머 시간을 입력받아 [전역변수 알람_카운트다운] 변수에 저장하고, [레이블1_카운트다운]에 보여줍니다. 타이머가 활성화되어 작동합니다.

```
언제 [버튼1_초알람▼].클릭했을때
실행  지정하기 전역변수 알람_카운트다운▼ 값  텍스트박스1_시간입력▼.텍스트▼
      지정하기 레이블1_카운트다운▼.텍스트▼ 값  가져오기 전역변수 알람_카운트다운▼
      지정하기 시계1▼.타이머활성화여부▼ 값 [ 참▼ ]
```

**03** [버튼2_분알람을 클릭했을 때] 타이머 시간을 입력받아 초로 바꾼 후 [전역변수 알람_카운트다운] 변수에 저장하고, [레이블1_카운트다운]에 보여줍니다. 타이머가 활성화 되어 작동합니다.

```
언제 [버튼2_분알람▼].클릭했을때
실행  지정하기 전역변수 알람_카운트다운▼ 값  ⚙  텍스트박스1_시간입력▼.텍스트▼  ×  [ 60 ]
      지정하기 레이블1_카운트다운▼.텍스트▼ 값  가져오기 전역변수 알람_카운트다운▼
      지정하기 시계1▼.타이머활성화여부▼ 값 [ 참▼ ]
```

**04** [시계 타이머가 작동할 때] 설정된 타이머 시간을 거꾸로 세며 남은 시간을 보여주고, 카운트다운 = 0 일 때, 알람음이 울리고 타이머가 멈춥니다.

```
언제 [시계1▼].타이머가작동할때
실행  지정하기 전역변수 알람_카운트다운▼ 값  가져오기 전역변수 알람_카운트다운▼ - [ 1 ]
      지정하기 레이블1_카운트다운▼.텍스트▼ 값  가져오기 전역변수 알람_카운트다운▼
      ⚙ 만약      가져오기 전역변수 알람_카운트다운▼  =  [ 0 ]
      이라면 실행  호출 플레이어1▼.시작하기
              지정하기 시계1▼.타이머활성화여부▼ 값 [ 거짓▼ ]
```

**05** [알람끄기 버튼을 클릭했을 때] 알람음이 꺼지고, 타이머가 멈춥니다. [전역변수 알람_카운트다운]은 초기값 '0'으로 설정합니다. [텍스트박스_시간입력]을 초기화 시키고, [힌트]로 '시간입력'을 보여주고, [레이블_카운트다운]의 텍스트 값을 '카운트다운'으로 설정합니다.

**06** 코드가 완성되었습니다.

## 완성된 전체 블록 코드 보기    완성 파일 ▶ AlarmTimer.aia

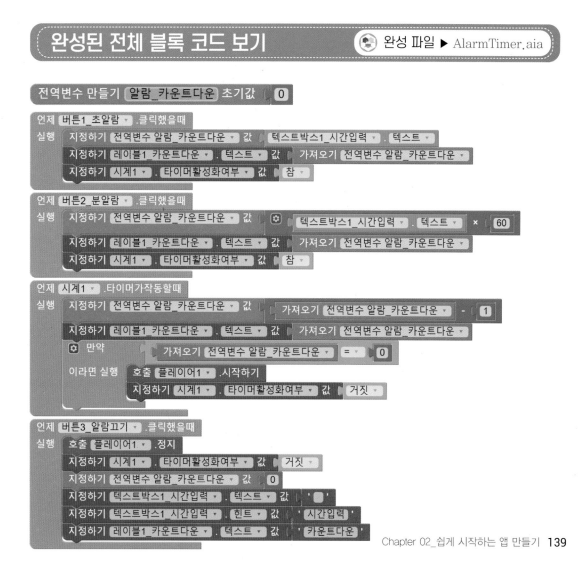

## 결과 확인

앱의 시작 화면입니다. 시간입력란에 타이머 알람 시간을 입력하고, 입력한 숫자의 의미가 초 or 분인지 선택하여 버튼을 누릅니다. 입력한 시간이 되면 알람이 울립니다.

"알람 끄기" 버튼을 누르면 알람이 꺼집니다.

입력한 시간이 다 되면 알람이 울립니다. 알람 끄기를 누르면 알람이 꺼집니다.

## 09 작품

# 여행지 계획 검색 앱 만들기

주요기능 ▸ 리스트, 알림  난이도 ▸ ★★☆☆☆

학습 목표
- 여행지 목록을 작성 후 여행지 정보를 얻기 위한 앱을 만들 수 있습니다.
- 목록뷰를 사용할 수 있습니다.
- 액티비티스타터를 이용하여 검색할 수 있습니다.

▶ 앱 실행 동작 영상 미리보기 QR코드   링크 주소 : http://nal.la/7z5Ts-

## 앱화면 미리보기

## 앱 계획하기

1 앱이 실행되면서 여행지 목록을 작성할 수 있는 창이 열립니다.

2 가고 싶은 여행지를 입력하면 리스트에 저장됩니다.

3 여행 목록에서 가고 싶은 여행지를 클릭하면 검색됩니다.

4 여행 목록에서 삭제하고 싶은 여행지를 클릭하면 삭제됩니다.

## 이미지 준비하기

**방법 1)** 뤼튼 AI이미지 생성하기를 이용하여 검색 아이콘 이미지를 만들어 봅니다.

– **키워드 입력 :** 너는 일러스트 전문가야. 더운 여름 해외 여행 떠나는 그림 그리려해.
파란 하늘에 흰구름과 비행기가 떠 있고 가족들이 행복해 하는 모습으로 그려줘

생성된 이미지를 [AlarmClock.png] 이름으로 저장하여 사용합니다.

**방법 2)** [제공자료]의 [Travel] 폴더에서 시계 이미지인 [travel.jpg] 이미지 파일을 준비합
니다.

## 앱 인벤터 프로젝트 만들기

Travel 이름으로 앱 인벤터 프로젝트를 생성합니다.

## [디자이너] 앱 화면 구성하기

**01** [Screen1]의 제목: '여행지 계획 검색앱'으로 변경합니다.

**02** [사용자 인터페이스]에서 [레이블]을 뷰어에 위치한 다음 속성을 아래와 같이 변경합니다.

- 글꼴 굵게: V   • 글꼴 크기: 20   • 높이: 40픽셀   • 너비: 부모요소에 맞추기
- 텍스트: 여행지 목록을 작성하세요!   • 텍스트정렬: 가운데

**03** [사용자 인터페이스]에서 [이미지]를 선택 후 [뷰어]에 위치한 다음 속성을 아래와 같이 변경합니다.

- 높이: 200픽셀    • 너비: 부모 요소에 맞추기    • 사진: travel.jpg

**04** [사용자 인터페이스]에서 [레이블]을 뷰어에 위치한 다음 속성을 아래와 같이 변경합니다.

- 높이: 200픽셀    • 너비: 부모요소에 맞추기,  텍스트: " (지움)

**05** [레이아웃]에서 [수평배치]를 뷰어에 위치한 다음 속성을 아래와 같이 변경합니다.

- 높이: 40픽셀  • 너비: 부모 요소에 맞추기

**06** [사용자 인터페이스]에서 [텍스트박스]을 선택 후 [수평배치1]에 위치한 다음 이름을 [텍스트박스1_입력]으로 변경 후 속성을 아래와 같이 변경합니다.

- 글꼴크기: 17  • 너비: 60퍼센트  • 힌트: 가고 싶은 여행지는?  • 텍스트정렬: 가운데

**07** [사용자 인터페이스]에서 [버튼]을 선택 후 [수평배치1]에 위치한 다음 이름을 [버튼_여행지추가]로 변경 후 속성을 아래와 같이 변경합니다.

- 글꼴크기: 17 · 너비: 부모요소에 맞추기 · 텍스트: 여행지 추가

**08** [사용자 인터페이스]에서 [레이블]을 뷰어에 위치한 다음 속성을 아래와 같이 변경합니다.

- 글꼴크기: 17 · 너비: 부모 요소에 맞추기 · 텍스트: 여행지 목록의 여행지를 클릭하면 검색됩니다.

**09** [사용자 인터페이스]에서 [목록뷰]를 선택 후 [뷰어]에 위치한 다음 이름을 [목록뷰1_여행지]로 변경 후 속성을 아래와 같이 변경합니다.

- 배경색: 주황  • FontSizeDetail: 20  • 높이: 40 퍼센트  • 너비: 부모 요소에 맞추기

> **더 알고가요 ▶ 목록뷰란?**

요소들을 목록 형태로 화면에 보여주는 컴포넌트입니다. 목록 자체가 화면을 구성하는 요소로 사용됩니다.

**10** [연결]에서 [엑티비티스타터]을 선택 후 [뷰어]에 위치합니다. 보이지 않는 컴포넌트로 등록됩니다.

**⓫** [사용자 인터페이스]에서 [알림]을 선택 후 [뷰어]에 위치합니다. 보이지 않는 컴포넌트로 등록됩니다.

## [블록]으로 코딩하기

앱인벤터에서 리스트(List)는 여러 개의 데이터를 하나의 변수에 저장할 수 있는 데이터 구조입니다. 여러 곳의 여행지를 저장하기 위해 리스트를 사용합니다.

**01** [공통 블록]에서 [변수]를 클릭 후 [전역변수 만들기 초기값]의 이름을 '여행지List'로 변경하고 [빈 리스트만들기]를 연결하여 초기값을 설정합니다.

`전역변수 만들기 여행지List 초기값` `⚙ 빈 리스트 만들기`

**02** 여행지를 목록에 추가하기 위해 [버튼1_여행지추가]를 클릭했을 때, [여행지List]에 [텍스트박스1_입력]의 여행지를 항목에 추가합니다. 추가된 여행지 [텍스트박스1_입력]의 텍스트 값은 초기화합니다. [목록뷰1_여행지.요소값]에 [여행지List]값을 지정하여 목록뷰에 추가된 여행지 리스트가 보여집니다.

```
언제 버튼1_여행지추가 ▼ .클릭했을때
실행    ⚙ 항목 추가하기  리스트   가져오기 전역변수 여행지List ▼
                      항목   텍스트박스1_입력 ▼ . 텍스트 ▼
       지정하기 텍스트박스1_입력 ▼ . 텍스트 ▼ 값  ' ▢ '
       지정하기 목록뷰1_여행지 ▼ . 요소 ▼ 값   가져오기 전역변수 여행지List ▼
```

**03** [목록뷰1_여행지]를 선택한 후에 여행지를 검색 또는 삭제할지를 [알림]으로 선택하게 합니다.

```
언제 목록뷰1_여행지 ▼ .선택후에
실행    호출 알림1 ▼ .선택대화창보이기
                    메시지   ' 여행지를 검색할까요? 삭제할까요? '
                    제목     ' 여행 검색 '
                    버튼1텍스트  ' 삭제 '
                    버튼2텍스트  ' 검색 '
                    취소가능여부  거짓 ▼
```

**04** [알림]에서 [검색]을 선택하였다면 액티비티스타터 'android.intent.action.VIEW'로 동작합니다. 구글맵을 통해 여행지를 검색하기 위해 [액티비티스타터.데이터URL] 값을 'https://www.google.co.kr/maps/search/'로 지정하고 [목록뷰1_여행지.선택한항목]으로 여행지를 검색합니다.

**05** [알림]에서 [삭제]를 선택하였다면 [여행List] 목록에서 해당 여행지를 삭제합니다.

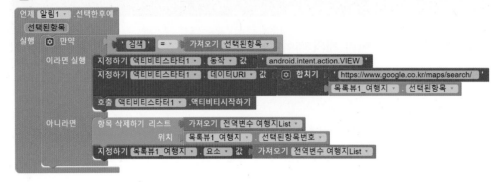

**06** 모든 코드가 완성되었습니다.

## 완성된 전체 블록 코드 보기　　　🏐 완성 파일 ▶ Travel.aia

전체 블록은 다음과 같습니다.

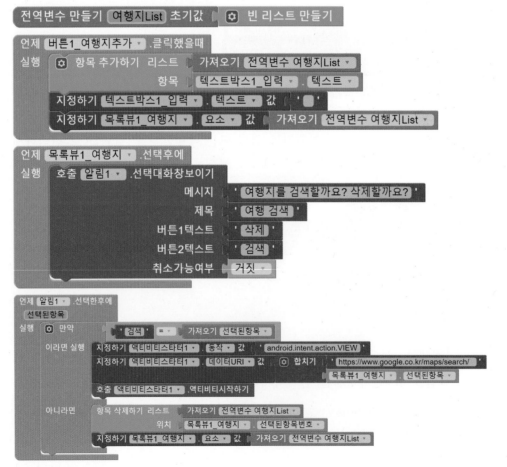

앱의 시작 화면입니다. 가고 싶은 여행지를 입력하고 [여행지 추가] 버튼을 클릭하면 여행지 목록에 추가됩니다.

여행지 목록의 여행지를 클릭하면 검색 또는 삭제할 수 있습니다.

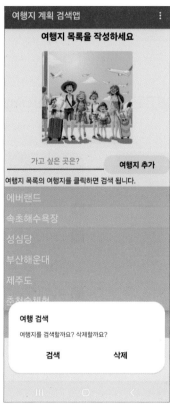

# 10 작품

# 자동 손전등 앱 만들기

**주요기능** LightSensor,TaifunFlashlight1　　　**난이도** ★★★☆☆

**학습목표**
- LightSensor를 이용하여 주변의 빛의 밝기를 측정할 수 있습니다.
- 스마트폰의 손전등을 제어할 수 있는 외부 확장 컴포넌트(TaifunFlashlight)를 활용할 수 있습니다.
- 주변의 빛의 밝기에 따라 자동으로 켜지고 꺼지는 앱을 만들 수 있습니다.

▶ 앱 실행 동작 영상 미리보기 QR코드　　　링크 주소 : http://nal.la/Qw2QY8

## 앱화면 미리보기

## 앱 계획하기

**1** 밝기값을 표시해 줍니다.

**2** 스마트폰의 Flash기능을 제어할 수 있는 외부 컴포넌트를 다운 받아 적용합니다.

**3** 이미지 버튼을 통해 손전등을 켜고 끌수 있습니다.

**4** 자동 동작 기능을 사용해서 어두워지면 자동으로 켜지는 자동 손전등을 만듭니다.

## 이미지 준비하기

[제공자료]의 [AutoFlash] 폴더에서 3개의 이미지 [autoflash.png][on.png][off.png] 파일을 준비합니다.

## 확장 컴포넌트 준비하기

**01** 다음 사이트는 앱인벤터 개발을 향상시키기 위한 추가적인 리소소 및 팁 및 도구를 제공하고 있습니다.

• https://puravidaapps.com/flashlight.php

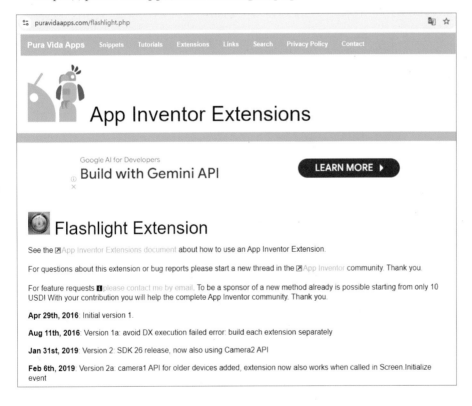

**02** 화면 하단으로 이동하여 Download 메뉴에서 파일을 다운로드 받습니다.

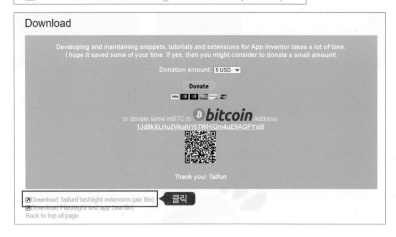

**03** 다운로드 폴더에 다운로드 받은 com.puravidaapps.TaifunFlashlight.aix 파일을 확인합니다.

## 앱 인벤터 프로젝트 만들기

AutoFlash 이름으로 앱 인벤터 프로젝트를 생성합니다.

## [디자이너] 앱 화면 구성하기

### 미디어 파일 올리기

**01** 앱에 필요한 이미지와 음원 파일을 미디어 메뉴에서 등록합니다.

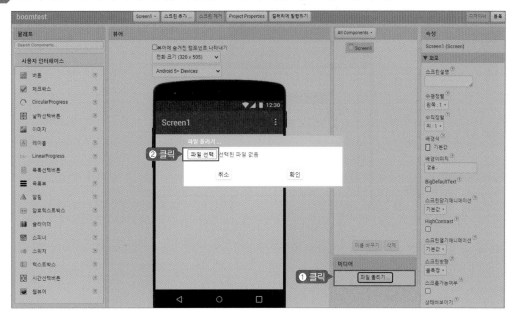

**02** [autoflash.png][on.png][off.png] 파일이 올라간 것을 확인합니다.

# 확장 파일 올리기

**01** [팔레트]의 [확장기능〉확장기능 추가하기]에서 파일을 선택하여 import 합니다.

**02** 추가된 확장기능을 확인합니다.

**03** [All Components]의 [Screen1]의 속성을 아래와 같이 변경합니다.

- 수평정렬: 가운데: 3    • 수직정렬: 가운데: 2

**04** [사용자 인터페이스]에서 [이미지1]을 뷰어에 위치한 다음 속성을 아래와 같이 변경합니다.

- 높이: 20퍼센트  • 너비: 20퍼센트  • 사진: autoflash.png 이미지를 올립니다.

**05** [레이아웃]에서 [수평배치]를 뷰어에 위치한 다음 속성을 아래와 같이 변경합니다.

- 수평정렬: 가운데:3 • 수직정렬: 가운데:2  • 배경색: 노랑  • 높이: 20퍼센트  • 너비: 부모 요소에 맞추기

**06** [사용자 인터페이스]에서 [레이블]을 선택 후 [수평배치1]에 위치한 다음 속성을 아래와 같이 변경합니다.

- 글꼴굵게 : ∨    - 글꼴크기 : 30    - 텍스트: 밝기값

[사용자 인터페이스]에서 [레이블]을 선택 후 [수평배치1]에 위치한 다음 이름을 [버레이블_라이트센서값]으로 변경 후 속성을 아래와 같이 변경합니다.

- 글꼴굵게 : ∨    - 글꼴크기 :30    - 텍스트 : 0

**07** [레이아웃]에서 [수직배치]를 뷰어에 위치한 다음 속성을 아래와 같이 변경합니다.

- 수평정렬: 가운데:3    - 수직정렬: 가운데:2    - 배경색: 분홍    - 높이: 20퍼센트
- 너비: 부모 요소에 맞추기

**08** [사용자 인터페이스]에서 [레이블]을 선택 후 이름을 [레이블_결과]로 변경 후 속성을 아래와 같이 변경합니다.

- 글꼴굵게 : ∨    - 글꼴크기: 30    - 텍스트: 버튼으로 손전등 제어중    - 텍스트 색상: 빨강

[사용자 인터페이스]에서 [스위치]을 선택 후 이름을 [스위치_자동]로 변경 후 속성을 아래와 같이 변경합니다.

- 글꼴굵게 : ∨    - 글꼴크기 :30    - 텍스트: 손전등 자동동작

**09** [레이아웃]에서 [수평배치]를 뷰어에 위치한 다음 속성을 아래와 같이 변경합니다.

- 수평정렬: 가운데:3    • 너비: 부모 요소에 맞추기

**10** [사용자 인터페이스]에서 [버튼]을 선택 후 이름을 [버튼_켜기]로 변경 후 속성을 아래와 같이 변경합니다.

- 이미지: on.png

[사용자 인터페이스]에서 [버튼]을 선택 후 이름을 [버튼_끄기]로 변경 후 속성을 아래와 같이 변경합니다.

- 이미지: off.png

⓫ [사용자 인터네페이스]에서 [알림]를 선택 후 [뷰어]에 위치합니다. [센서]에서 [시계]를 선택 후 [뷰어]에 위치합니다. [센서]에서 [LightSensor]를 선택 후 [뷰어]에 위치합니다. [확장기능]에서 [TaifunFlashlight]를 선택 후 [뷰어]에 위치합니다. 보이지 않는 컴포넌트에 등록됩니다.

**⓬** 마지막으로 Screen1을 선택한 후 앱의 제목을 [자동 손전등]으로 설정해 줍니다.

## [블록]으로 코딩하기

**01** [Screen1 초기화 되었을 때], [LightSensor]를 활성화시킵니다. 핸드폰의 flash 기능이 사용 가능한 상태인지 체크합니다. 사용할 수 없는 경우 경고 알림을 표시해 줍니다.

```
언제 Screen1 ▼ .초기화되었을때
실행  지정하기 LightSensor1 ▼ . 활성화 ▼ 값 ( 참 ▼
       ⚙ 만약        아니다 ( TaifunFlashlight1 ▼ . HasFlash ▼
       이라면 실행  호출 알림1 ▼ .경고창보이기
                              알림 ( ' 죄송합니다. 손전등을 사용할 수 없습니다. '
```

**02** [버튼_켜기 클릭했을때], 스마트폰의 flash 기능을 켜줍니다. [레이블_결과]에 상태정보를 표시해 줍니다.

```
언제 버튼_켜기 ▼ .클릭했을때
실행  호출 TaifunFlashlight1 ▼ .On
       지정하기 레이블_결과 ▼ . 텍스트 ▼ 값 ( ' 손전등 켜짐 '
```

**03** [버튼_끄기 클릭했을때], 스마트폰의 flash 기능을 꺼줍니다. [레이블_결과]에 상태정보를 표시해 줍니다.

```
언제 버튼_끄기 ▼ .클릭했을때
실행  호출 TaifunFlashlight1 ▼ .Off
       지정하기 레이블_결과 ▼ . 텍스트 ▼ 값 ( ' 손전등 꺼짐 '
```

**04** [시계 타이머가 작동할 때] LightSensor값을 1초 간격으로 표시해 줍니다.
손전등 자동동작 스위치가 켜져있는지 검사하여 자동 동작모드인 경우엔 LightSensor값에 따라 자동으로 스위치가 켜지고 꺼지도록 합니다.
Lux값이 300보다 작으면 어둡다고 판단하여 손전등을 켜줍니다.

```
언제 시계1 ▼ .타이머가작동할때
실행  지정하기 레이블_라이트센서값 ▼ . 텍스트 ▼ 값 ( 올림 ▼ ( LightSensor1 ▼ . Lux ▼
       ⚙ 만약        스위치_자동 ▼ . 에 ▼ = ▼ 참 ▼
       이라면 실행  ⚙ 만약        LightSensor1 ▼ . Lux ▼ < ▼ 300
                  이라면 실행  지정하기 레이블_결과 ▼ . 텍스트 ▼ 값 ( ' 자동 손전등 켜짐
                            호출 TaifunFlashlight1 ▼ .On
                  아니라면    지정하기 레이블_결과 ▼ . 텍스트 ▼ 값 ( ' 자동 손전등 꺼짐
                            호출 TaifunFlashlight1 ▼ .Off
```

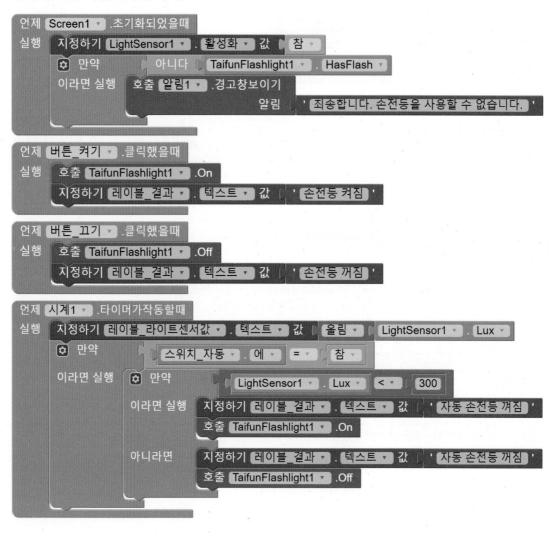

전체 블록은 다음과 같습니다.

앱의 시작 화면입니다. 밝기값이 표시됩니다. 단위는 Lux값입니다. 이미지 버튼으로 손전등을 켜고 끌수 있습니다. 손전등 자동 동작 모드가 켜져 있는 경우 자동으로 손전등이 켜집니다.

# 11 작품

# 다이어리(Diary) 일상 기록 앱 만들기

**주요기능** 타이니DB, 시계, 알림　　　**난이도** ★★★☆☆

**학습 목표**
- TinyDB을 이용하여 일상을 기록하는 Diary 앱을 만들 수 있습니다.
- TinyDB의 사용법을 알 수 있습니다.
- 시계 센서의 날짜 추출 방법을 알 수 있습니다.

▶ 앱 실행 동작 영상 미리보기 QR코드  링크 주소 : http://nal.la/PMskbR

## 앱화면 미리보기

## 앱 계획하기

**1** 앱이 실행되면서 오늘 날짜로 셋팅되어 Diary 앱이 열립니다.

**2** 오늘의 일상을 기록합니다.

**3** 날짜 검색을 한 후 해당일의 일상을 기록할 수 있습니다.

**4** 저장하기 버튼을 누르면 "내용이 저장되었습니다." 알림 메시지가 뜨고 저장됩니다.

**5** 삭제 버튼을 누르면 "내용이 삭제되었습니다." 알림 메시지가 뜨고 기록이 삭제됩니다.

## 미리 준비하기

### 이미지 준비하기

**방법 1)** 뤼튼 AI이미지 생성하기를 이용하여 검색 아이콘 이미지를 만들어 봅니다.

– **키워드 입력** : 검색 아이콘을 그리려고 해, 기존 검색 아이콘들의 특징을 살펴본 후,
색상은 파란색, 모양은 돋보기 모양으로 깔끔하게 그려줘

생성된 이미지를 [search.jpg] 이름으로 저장하여 사용합니다.

**방법 2)** [제공자료]의 [Diary] 폴더에서 시계 이미지인 [search.jpg] 이미지 파일을 준비합
니다.

## 앱 인벤터 프로젝트 만들기

Diary 이름으로 앱 인벤터 프로젝트를 생성합니다.

## [디자이너] 앱 화면 구성하기

**01** [Screen1]의 제목: Diary로 변경합니다.

**02** [사용자 인터페이스]에서 [레이블]을 뷰어에 위치한 다음 속성을 아래와 같이 변경합니다.

- 배경색: 밝은 회색 · 글꼴 굵게: ∨ · 글꼴 크기: 20 · 높이: 35픽셀 · 너비: 부모요소에 맞추기
- 텍스트: 소중한 하루! 일상을 기록하세요

**03** [레이아웃]에서 [수평배치]를 뷰어에 위치한 다음 속성을 아래와 같이 변경합니다.

- 높이: 50픽셀   - 너비: 부모 요소에 맞추기

**04** [사용자 인터페이스]에서 [이미지]를 선택 후 [수평배치1]에 위치한 다음 속성을 아래와 같이 변경합니다.

- 높이: 45픽셀   - 너비: 45픽셀   - 사진: search.jpg

**05** [사용자 인터페이스]에서 [날짜선택버튼]을 선택 후 [수평배치1]에 위치한 다음 속성을 아래와 같이 변경합니다.

- 배경색: 검정 • 글꼴굵게: ∨ • 글꼴크기: 20 • 높이: 부모요소에 맞추기 • 너비: 부모요소에 맞추기
- 텍스트: 날짜 선택 • 텍스트색상: 흰색

**06** [사용자 인터페이스]에서 [레이블]을 뷰어에 위치한 다음 속성을 아래와 같이 변경합니다.

- 배경색: 없음 • 높이: 50픽셀 • 텍스트: "

**07** [사용자 인터페이스]에서 [레이블]을 선택 후 뷰어에 위치한 다음 이름을 [레이블3_선택날짜]로 변경 후 속성을 아래와 같이 변경합니다.

- 글꼴크기: 20 　• 높이: 35픽셀 　• 너비: 부모 요소에 맞추기 　• 텍스트: 선택 날짜

**08** [사용자 인터페이스]에서 [텍스트박스]를 선택 후 뷰어에 위치한 다음 이름을 [텍스트박스1_입력]으로 변경 후 속성을 아래와 같이 변경합니다.

- 글꼴크기: 24 　• 높이: 부모 요소에 맞추기 　• 너비: 부모 요소에 맞추기 　• 힌트: 일상을 기록하세요!

**09** [레이아웃]에서 [수평배치]를 뷰어에 위치한 다음 속성을 아래와 같이 변경합니다.

- 너비: 부모 요소에 맞추기

**10** [사용자 인터페이스]에서 [버튼]을 선택 후 [수평배치2]에 위치한 다음 이름을 [버튼1_ 저장하기]로 변경 후 속성을 아래와 같이 변경합니다.

- 배경색: 검정 • 글꼴굵게 : ∨ • 글꼴크기 :20 • 너비: 70 퍼센트 • 텍스트: 저장하기 • 텍스트색상: 흰색

[사용자 인터페이스]에서 [버튼]을 선택 후 [수평배치2]에 위치한 다음 이름을 [버튼2_삭제] 로 변경 후 속성을 아래와 같이 변경합니다.

- 배경색: 빨강 • 글꼴굵게 : ∨ • 글꼴크기 :20 • 너비: 부모 요소에 맞추기 • 텍스트: 삭제 • 텍스트색상: 흰색

**⓫** [사용자 인터페이스]에서 [알림]을 선택 후 [뷰어]에 위치합니다. 보이지 않는 컴포넌트로 등록됩니다.

**⓬** [센서]에서 [시계]를 선택 후 [뷰어]에 위치합니다. 보이지 않는 컴포넌트로 등록됩니다.

⓭ [저장소]에서 [타이니DB]를 선택 후 [뷰어]에 위치합니다. 보이지 않는 컴포넌트로 등록됩니다.

TinyDB는 앱인벤터에서 데이터를 간단하게 저장하고 불러오는 데 사용하는 컴포넌트입니다. TinyDB는 사용자의 기기 내에 데이터를 저장하기 때문에 앱을 종료해도 데이터가 사라지지 않고 계속 남아 있습니다. 그래서 TinyDB는 앱을 사용할 때 필요한 정보를 저장해 두고, 나중에 다시 꺼내 쓸 수 있도록 도와줍니다.

TinyDB는 데이터를 저장하고 불러올 때 Key(태그)-값 쌍으로 데이터를 쉽게 관리할 수 있습니다. 숫자, 문자열, 리스트 등 다양한 형태의 데이터를 저장할 수 있습니다.
이렇게 TinyDB를 사용하면 앱에서 필요한 정보를 쉽게 관리할 수 있습니다.

## [블록]으로 코딩하기

**01** [Screen1]이 초기화 되며 앱이 실행이 되면 [레이블3_선택날짜.텍스트]에 현재날짜를 지정합니다. 날짜 패턴을 'yyyy/M/d'로 설정합니다. (날짜선택버튼에서 불러오는 년/월/일의 값에 맞춰 설정함 ) 해당 날짜에 기록되어 있는 내용이 있는지 확인하고, 없으면 빈 값을 보여줍니다.

**02** [날짜선택버튼1.날짜선택후에] 선택날짜 포맷을 [Screen1] 초기화 됐을 때의 날짜 포맷과 같게 [레이블3_선택날짜.텍스트] 값을 지정해 줍니다. 해당 날짜에 기록되어 있는 것이 있는지 확인하고, 없으면 빈 값을 보여줍니다.

**03** [버튼1_저장]을 클릭했을 때, [타이니DB1]에 해당 날짜의 기록을 저장합니다. 알림 메시지 창을 통해 '내용이 저장되었습니다.' 메시지가 보여지고 저장됩니다.

**04** [버튼2_삭제]를 클릭했을 때, [타이니DB1]에 해당 날짜의 기록을 삭제합니다. 알림 메시지 창을 통해 '내용이 삭제되었습니다.' 메시지가 보여지고 삭제됩니다. [타이니DB1]에 해당 날짜가 삭제된 것을 확인합니다.

# 완성된 전체 블록 코드 보기

완성 파일 ▶ Diary.aia

전체 블록은 다음과 같습니다.

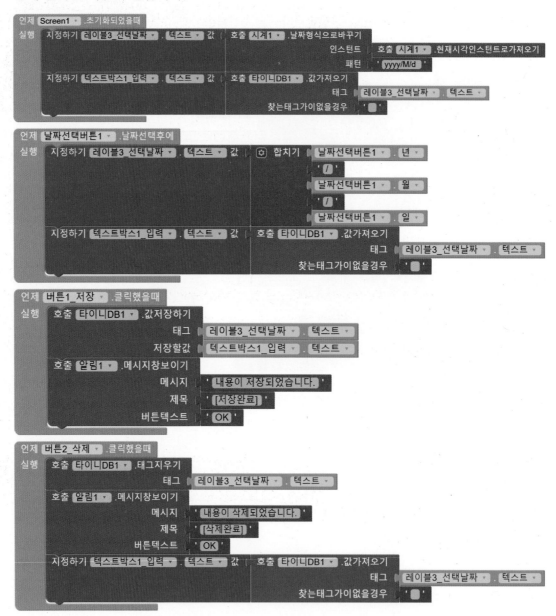

## 결과 확인

앱의 시작 화면입니다. 해당 일에 일상을 기록하고 저장합니다.

날짜선택 버튼을 통해 다른 날짜를 선택하여 기록을 남길 수 있고, 삭제할 수 있습니다.

# CHAPTER

## 03

# 인공지능 앱 만들기

# 12 작품

# ChatGPT를 활용한 챗봇 만들기

주요기능 ▸ chatbot, 알림      난이도 ▸ ★★☆☆☆

학습 목표
- OpenAI의 ChatGPT 생성 AI 대규모 언어 모델을 활용하여 챗봇을 만들어 봅니다.
- "ApiKey" 속성이 있습니다. 앱인벤터에서 제공하는 ChatBot의 API를 사용하고 있어 여러번 질문을 하면 API의 사용 량이 초과되어 더 이상 답변하지 않습니다. ChatGPT의 API를 등록하여 사용하면 됩니다.

▶ 앱 실행 동작 영상 미리보기 QR코드  링크 주소 : http::/nal.la/M5KCJM

## 앱화면 미리보기

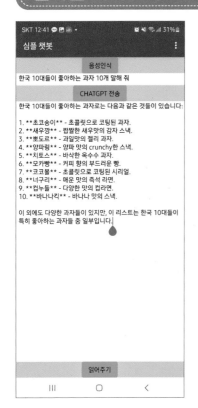

## 앱 계획하기

1️⃣ 음성인식 기능으로 질문을 생성하도록합니다.

2️⃣ 질문 내용을 확인 후 [CHATGPT전송] 버튼을 클릭하여 GPT에게 질문을 전달합니다.

3️⃣ 인식 결과를 결과창에 표시해 주고, 읽어주기 버튼을 통해서 소리로 출력해 줍니다.

## 미리 준비하기

## ChatGPT API 발급받기

**01** 구글에서 "chatgpt api"를 검색 후 아래 사이트에 접속합니다.

**02** 로그인합니다.

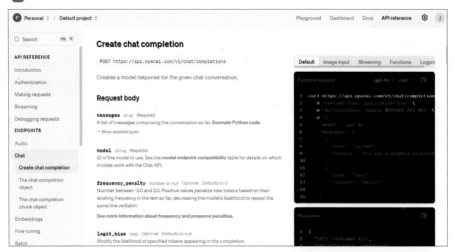

**03** Dashboard 탭에서 [API Keys] 탭으로 이동 후 키 만들기를 클릭합니다.

**04** 프로젝트 이름을 입력 후 [Create secret key]를 눌러 API를 발급받습니다.

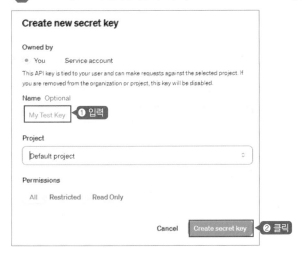

**05** API를 사용하기 위해서는 선불로 요금을 지불해야 합니다. GPT-4o mini 모델을 사용할 경우 100만 토큰당 60센트의 가격으로 10달러 충전시 매우 많은 양의 답변을 받을 수 있습니다.

## 앱 인벤터 프로젝트 만들기

ChatBotAPI 이름으로 앱 인벤터 프로젝트를 생성합니다.

# [디자이너] 앱 화면 구성하기

## 컴퍼넌트 추가하기

**01** 앱 화면 구성을 위한 컴포넌트 추가하고, 기능에 맞는 이름으로 변경합니다.
보이지 않는 컴퍼넌트 음성인식, 음성변환, 알림, ChatBot을 추가합니다.

| 추가 컴포넌트 | | 컴포넌트 이름 변경 |
|---|---|---|
| 사용자인터페이스)버튼 | | 사용자인터페이스)버튼 |
| 사용자인터페이스)텍스트박스 | | 버튼_음성인식 |
| 사용자인터페이스)버튼 | ≫ | 텍스트박스_질문 |
| 사용자인터페이스)텍스트박스 | | 버튼_GPT요청 |
| 사용자인터페이스)버튼 | | 텍스트박스_응답 |
| 미디어)음성인식 | | 버튼_읽어주기 |
| 미디어)음성변환 | | |
| 사용자인터페이스)알림 | | |
| 실험실)chatBot | | |

**02** 컴퍼넌트 속성값을 설정합니다.

### ❶ screen1

수평정렬: 가운데:3
제목: 심플 챗봇

### ❷ 버튼_음성인식

모양: 둥근 모서리
텍스트: 음성인식

### ❸ 텍스트박스_질문

너비: 부모요소에 맞추기
힌트: 공백

### ❹ 버튼_GPT요청

배경색: 초록
모양: 둥근 모서리
텍스트: CHATGPT 전송

### ❺ 텍스트박스_응답

높이: 부모요소에 맞추기
너비: 부모요소에 맞추기
텍스트:  인식 결과
힌트: 공백
여러줄: 체크

### ❻ 버튼_읽어주기

배경색: 초록
모양: 둥근 모서리
텍스트: 읽어주기

## [블록]으로 코딩하기

**01** [버튼_음성인식] 버튼을 클릭했을 때, 텍스트박스_질문, 텍스트박스_응답의 내용을 모두 지웁니다. 음성인식 기능을 호출합니다.

```
언제 버튼_음성인식 ▼ .클릭했을때
실행  지정하기 텍스트박스_질문 ▼ . 텍스트 ▼ 값  " "
      지정하기 텍스트박스_응답 ▼ . 텍스트 ▼ 값  " "
      호출 음성인식1 ▼ .텍스트가져오기
```

**02** [음성인식.텍스트가져온후에] 이벤트가 발생하면 [텍스트박스_질문]의 [텍스트값]에 음성인식된 결과를 표시해 줍니다.

```
언제 음성인식1 ▼ .텍스트가져온후에
    결과  partial
실행  지정하기 텍스트박스_질문 ▼ . 텍스트 ▼ 값  가져오기 partial ▼
```

**03** [버튼_GPT요청.클릭했을 때] 이벤트가 발생하면 [텍스트박스_질문]의 내용이 있는 경우 알림의 진행 상태를 표시해 주며, [ChatBot.converse] 함수를 호출하여 질문을 전달합니다.

```
언제 버튼_GPT요청 ▼ .클릭했을때
실행  ⚙ 만약      아니다  비어있나요? 텍스트박스_질문 ▼ . 텍스트 ▼
     이라면 실행  호출 알림1 ▼ .진행대화창보이기
                           메시지  " 응답중 "
                           제목  " 잠시만 기다려주세요 "
                 호출 ChatBot1 ▼ .Converse
                           question  텍스트박스_질문 ▼ . 텍스트 ▼
```

**04** [ChatBot.GotResponse] 응답이 온 경우, 알림창을 닫고 [텍스트박스_응답]의 텍스트에 받은 내용을 출력해 줍니다.

```
언제 ChatBot1 ▼ .GotResponse
    responseText
실행  호출 알림1 ▼ .진행대화창종료
      지정하기 텍스트박스_응답 ▼ . 텍스트 ▼ 값  가져오기 responseText ▼
```

**05** [버튼_읽어주기.클릭했을 때] 응답받은 결과를 음성변환으로 읽어줍니다.

```
언제 버튼_읽어주기 ▼ .클릭했을때
실행  호출 음성변환1 ▼ .말하기
                 메시지  텍스트박스_응답 ▼ . 텍스트 ▼
```

전체 블록은 다음과 같습니다.

언제 버튼_음성인식 ▼ .클릭했을때
실행 지정하기 텍스트박스_질문 ▼ . 텍스트 ▼ 값 ' '
      지정하기 텍스트박스_응답 ▼ . 텍스트 ▼ 값 ' '
      호출 음성인식1 ▼ .텍스트가져오기

언제 음성인식1 ▼ .텍스트가져온후에
결과 partial
실행 지정하기 텍스트박스_질문 ▼ . 텍스트 ▼ 값 가져오기 partial ▼

언제 버튼_GPT요청 ▼ .클릭했을때
실행 ⚙ 만약       아니다 비어있나요? 텍스트박스_질문 ▼ . 텍스트 ▼
      이라면 실행 호출 알림1 ▼ .진행대화창보이기
                              메시지 '응답중'
                              제목 '잠시만 기다려주세요'
                  호출 ChatBot1 ▼ .Converse
                      question 텍스트박스_질문 ▼ . 텍스트 ▼

언제 ChatBot1 ▼ .GotResponse
responseText
실행 호출 알림1 ▼ .진행대화창종료
      지정하기 텍스트박스_응답 ▼ . 텍스트 ▼ 값 가져오기 responseText ▼

언제 버튼_읽어주기 ▼ .클릭했을때
실행 호출 음성변환1 ▼ .말하기
                  메시지 텍스트박스_응답 ▼ . 텍스트 ▼

## 결과 확인

[연결] → [AI 컴패니언]을 클릭하여 스마트폰과 연결합니다.

결과를 확인합니다.

| 음성인식 버튼을 클릭하여 소리로 질문을 입력합니다. | CHATAPI 에게 질문을 전송하여 결과를 표시해 줍니다. |
|---|---|
| 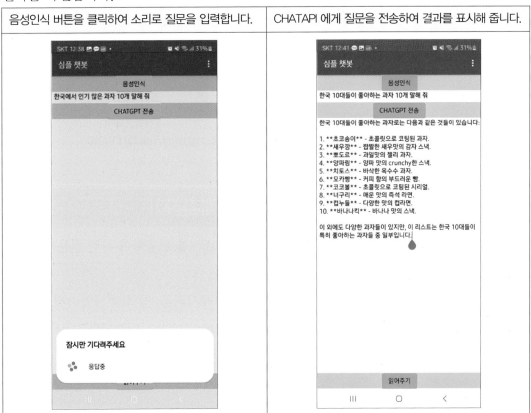 | |

# 13 작품

## 요리레시피를 알려줘 챗봇 만들기(ChatGPT)

**주요기능** ▶ chatgpt

**난이도** ★★☆☆☆

**학습 목표**
ChatBot을 이용하여 사전질문을 구성하여 요리레시피를 알려주는 인공지능을 만들어봅니다. ChatGPT의 API를 활용하여 질문하고 답변을 받아 결과를 출력하는 방법에 대해서 알아봅니다.

▶ 앱 실행 동작 영상 미리보기 QR코드     링크 주소 : http://nal.la/f1v3I0

## 앱화면 미리보기

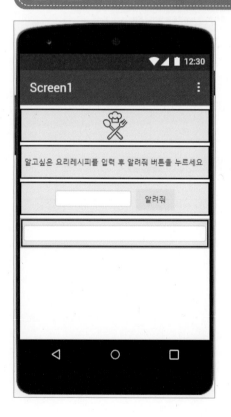

## 앱 계획하기

**1** ChatBot을 활용하여 사전 질문을 구성합니다.

**2** 요리레시피를 입력 후 [알려줘] 버튼을 클릭하여 답변을 받습니다.

**3** 받은 답변을 결과에 출력합니다.

## 미리 준비하기

### 이미지 준비하기

[제공자료]의 [Tell_me_the_recipe] 폴더에서 요리 이미지인 [image1.png] 이미지 파일을
준비합니다.

## 앱 인벤터 프로젝트 만들기

앱인벤터 프로젝트를 생성합니다. Tell_me_the_recipe 이름으로 프로젝트를 생성합니다.

## [디자이너] 앱 화면 구성하기

### 미디어 준비하기

**01** [미디어]에서 [파일 올리기..]를 선택 후 [제공자료]의 [Tell_me_the_recipe] 폴더에서
요리 이미지인 [image1.png] 파일을 선택 후 업로드 합니다.

## 컴퍼넌트 추가하기

**01** 앱 화면 구성을 위한 컴포넌트 추가하고, 기능에 맞는 이름으로 변경합니다.
보이지 않는 컴퍼넌트 CharBot1을 추가합니다.

| 추가 컴포넌트 | | 컴포넌트 이름 변경 |
|---|---|---|
| 레이아웃〉수평배치1 | | |
| 사용자인터페이스〉이미지1 | | |
| 레이아웃〉수평배치2 | | |
| 사용자인터페이스〉레이블1 | | |
| 레이아웃〉수평배치3 |  | |
| 사용자인터페이스〉텍스트박스1 | | 텍스트박스_요리입력 |
| 사용자인터페이스〉버튼1 | | 버튼_알려줘 |
| 레이아웃〉수평배치4 | | |
| 레이아웃〉스크롤가능수직배치1 | | |
| 사용자인터페이스〉텍스트박스2 | | 텍스트박스_레시피답변 |
| 실험실〉ChatBot | | |

**02** 컴퍼넌트 속성값을 설정합니다.

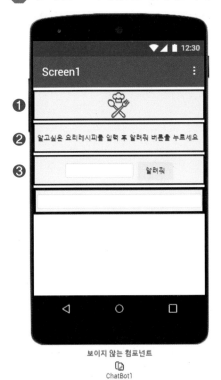

### ❶ 수평배치1

수평정렬: 가운데3
수직정렬: 가운데2
높이: 50픽셀

### ❷ 수평배치2

수평정렬: 가운데3
수직정렬: 가운데2
높이: 50픽셀

### ❸ 수평배치3

수평정렬: 가운데3
수직정렬: 가운데2
높이: 50픽셀

### ❶–1 이미지1

높이: 50픽셀
너비: 50픽셀
사진: image1.png

### ❷–1 레이블1

텍스트: 알고싶은 요리레시피를
입력 후 알려줘 버튼을 누르세요

### ❸–1 텍스트박스_요리입력

너비: 40 퍼센트
힌트: 비워둠

### ❸–2 버튼_알려줘

너비: 20 퍼센트
텍스트: 알려줘

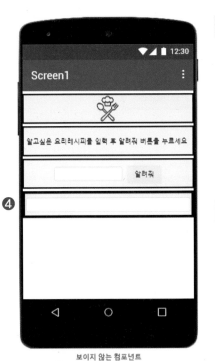

### ❹ 수평배치1

높이: 자동
너비: 부모요소에 맞추기

### ❺–1 ChatBot1

설정은 수정하지 않음

### ❹–1 스크롤가능수직배치1

높이: 부모요소에 맞추기
너비: 부모요소에 맞추기

### ❹–2 텍스트박스_레시피답변

높이: 부모요소에 맞추기
너비: 부모요소에 맞추기
힌트: 비워둠
여러줄: 체크함

## [블록]으로 코딩하기

**01** [버튼_알려줘]를 클릭했을 때 "음식의 레시피를 알려줘 음식:"과 입력한 텍스트를 합쳐 질문을 요청합니다.

**02** 답변을 받았을 때 답변의 결과를 텍스트박스_레시피답변에 출력합니다.

## 완성된 전체 블록 코드 보기　　　　⚽ 완성 파일 ▶ Tell_me_the_recipe.aia

조건에 맞게 차례대로 코딩하여 코드를 완성합니다.

[연결] -〉[AI 컴패니언]을 클릭하여 스마트폰과 연결합니다.

결과를 확인합니다.

| 텍스트박스에 레시피를 입력 후 [알려줘] 버튼을 클릭합니다. | 레시피의 답변을 받았습니다. 답변의 길이가 길면 스크롤하여 확인이 가능합니다. |
|---|---|
| | |

앱인벤터에서 제공하는 ChatBot의 API를 사용하고 있어 여러번 질문을 하면 API의 사용량이 초과되어 더 이상 답변하지 않습니다. 다음 작품에서는 ChatGPT의 API를 등록하고 사용하는 방법에 대해서 알아보도록 합니다.

# 14 작품

# 동화 생성 AI(ChatGPT) 앱 만들기

주요기능 ▸ chatgpt          난이도 ▸ ★★☆☆☆

**학습 목표**  ChatGPT의 API를 활용하여 ChatBot을 만들어 동화를 생성하고 생성된 동화를 읽어 주는 앱을 만들어보도록 합니다.

▶ 앱 실행 동작 영상 미리보기 QR코드    링크 주소 : http://nal.la/D6hcn3

## 앱화면 미리보기

## 앱 계획하기

**1** 나이와 성별을 입력하는 스피너를 추가 합니다.

**2** 동화생성 버튼을 누르면 ChatGPT를 이 용하여 동화를 생성합니다.

**3** 생성된 동화를 음성으로 읽어줍니다.

## 미리 준비하기

## 이미지 준비하기

[제공자료]의 [fairy_tale_creation] 폴더에서 비행기 이미지인 [image1.png] 이미지 파일
을 준비합니다.

## ChatGPT API 발급받기

**01** 구글에서 "chatgpt api"를 검색 후 아래 사이트에 접속합니다.

**02** 로그인합니다.

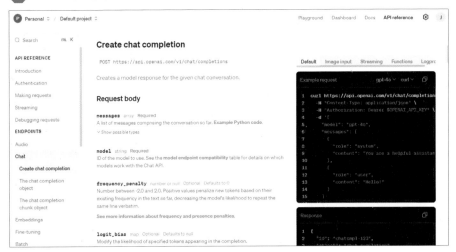

**03** Dashboard 탭에서 [API Keys] 탭으로 이동 후 키 만들기를 클릭합니다.

**04** 프로젝트 이름을 입력 후 [Create secret key]를 눌러 API를 발급받습니다.

**Create new secret key**

Owned by
◉ You    ○ Service account

This API key is tied to your user and can make requests against the selected project. If you are removed from the organization or project, this key will be disabled.

Name  Optional
| My Test Key |  **①** 입력

Project
| Default project          ⌄ |

Permissions
| All | Restricted | Read Only |

Cancel   Create secret key   **②** 클릭

**05** API를 사용하기 위해서는 선불로 요금을 지불해야 합니다. GPT-4o mini 모델을 사용할 경우 100만 토근당 60센트의 가격으로 10달러 충전시 매우 많은 양의 답변을 받을 수 있습니다.

## 앱 인벤터 프로젝트 만들기

fairy_tale_creation 이름으로 프로젝트를 생성합니다.

## [디자이너] 앱 화면 구성하기

### 미디어 준비하기

**01** [미디어]에서 [파일 올리기..]를 선택 후 [제공자료]의 [fairy_tale_creation] 폴더에서
질문 이미지인 [image1.png] 파일을 선택 후 업로드 합니다.

### 컴퍼넌트 추가하기

**01** 앱 화면 구성을 위한 컴포넌트 추가하고, 기능에 맞는 이름으로 변경합니다.
보이지 않는 컴퍼넌트 CharBot1을 추가합니다.

| 추가 컴포넌트 | 컴포넌트 이름 변경 |
|---|---|
| 레이아웃)수평배치1 | |
| 사용자인터페이스)스피너1 | 스피너_나이선택 |
| 사용자인터페이스)레이블1 | |
| 사용자인터페이스)스피너2 | 스피너_성별선택 |
| 사용자인터페이스)레이블2 | |
| 레이아웃)수평배치2 | |
| 사용자 인터페이스)버튼1 | 버튼_동화생성 |
| 레이아웃)수평배치3 | |
| 레이아웃)스크롤가능수직배치1 | |
| 사용자인터페이스)텍스트박스1 | 텍스트박스_동화생성 |
| 실험실)ChatBot | |
| 미디어)음성변환 | |

**02** 컴퍼넌트 속성값을 설정합니다.

**❶ 제목변경**

제목: 인공지능 동화생성

**❷ 수평배치1**

수평정렬: 가운데3
수직정렬: 가운데2
높이: 80픽셀

**❷-1 스피너_나이선택**

요소문자열: 2,3,4,5,6,7,8,9,10
선택된항목: 2

**❷-2 레이블1**

텍스트: 살

**❷-3 스피너_성별선택**

요소문자열: 남자,여자
선택된항목: 남자

**❷-4 레이블2**

텍스트: 아이가 좋아할

**❸ 수평배치2**

수평정렬: 가운데3
수직정렬: 가운데2
높이: 80픽셀

**❸-1 버튼_동화생성**

텍스트: 동화를 생성해줘

**④ 수평배치2**

높이: 부모 요소에 맞추기

너비: 부모 요소에 맞추기

**④-2 텍스트박스_동화생성**

높이: 부모 요소에 맞추기

너비: 부모 요소에 맞추기

힌트: 비워둠

여러줄: 체크함

**⑥ 음성변환1**

피치: 0.8

말하기속도: 0.8

**④-1 스크롤가능수직배치1**

높이: 부모 요소에 맞추기

너비: 부모 요소에 맞추기

**⑤ ChatBot1**

API: 할당받은 API키

Model: got-4o-mini

Provider: chatgpt

## [블록]으로 코딩하기

**01** 동화생성 버튼을 클릭했을 때 나이와 성별을 더해 ChatGPT에 질문을 합니다.

**02** 답변을 받았을 때 받은 답변을 텍스트박스_동화생성에 보여주고 텍스트를 음성으로 읽어 줍니다.

조건에 맞게 차례대로 코딩하여 코드를 완성합니다.

```
언제 버튼_동화생성 ▼ 클릭했을때
실행   호출 ChatBot1 ▼ .Converse
                question    ⚙ 합치기    스피너_나이선택 ▼ . 선택된항목 ▼
                                        ' 살 '
                                        스피너_성별선택 ▼ . 선택된항목 ▼
                                        " 아이가 좋아할 동화를 생성해줘 "
                                        " 특수문자는 생성하지 말아줘 "

언제 ChatBot1 ▼ .GotResponse
 responseText
실행   지정하기 텍스트박스_동화생성 ▼ . 텍스트 ▼ 값   가져오기 responseText ▼
      호출 음성변환1 ▼ .말하기
               메시지   텍스트박스_동화생성 ▼ . 텍스트 ▼
```

## 결과 확인

[연결] → [AI 컴패니언]을 클릭하여 스마트폰과 연결합니다. 결과를 확인합니다.

나이와 성별을 선택 후 [동화를 생성해줘] 버튼을 클릭하면 동화생성 후 음성으로 동화를 읽어 출력합니다.

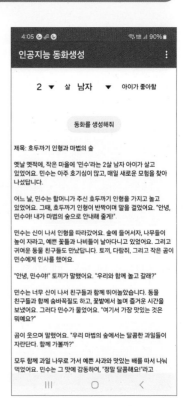

# 15

# 오늘 기분은 어때? 데이터 표시 앱 만들기

**주요기능** chart

**난이도** ★★★☆☆

| 학습 목표 | • 일주일 또는 한 달 동안의 기분을 추적한 다음 시각 자료와 함께 데이터를 표시하는 앱을 만들어 봅니다 <br> • 앱을 사용하면 시간이 지남에 따라 행복한 날, 화가 난 날, 따분한 날, 버럭 화가 난 날의 수를 시각화할 수 있습니다. <br> • 앱인벤터를 통한 데이터 수집 및 chart를 활용한 시각화를 실습해 봅니다. |
|---|---|

▶ 앱 실행 동작 영상 미리보기 QR코드   링크 주소 : http://nal.la/Xagt4P

## 앱화면 미리보기

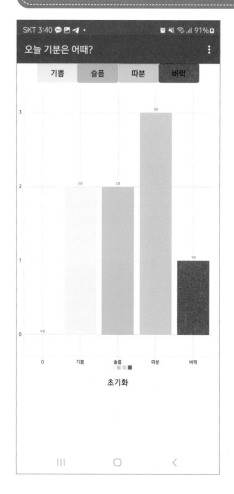

## 앱 계획하기

**1** 버튼으로 오늘의 기분을 수집합니다.

**2** 수집된 데이터를 그래프로 표시해 줍니다.

**3** 초기화 버튼으로 정보를 초기화 할 수 있습니다.

## 앱 인벤터 프로젝트 만들기

MoodTracker 이름으로 앱 인벤터 프로젝트를 생성합니다.

## [디자이너] 앱 화면 구성하기

### 미디어 준비하기

**01** 앱 화면 구성을 위한 컴포넌트 추가하고, 기능에 맞는 이름으로 변경합니다.

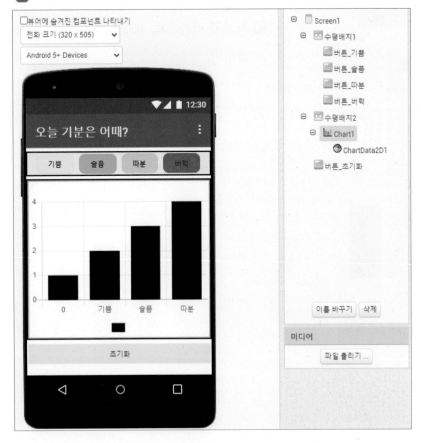

| 추가 컴포넌트 | | 컴포넌트 이름 변경 |
|---|---|---|
| 레이아웃〉수평배치 | | |
| 사용자인터페이스〉버튼 | | 버튼_기쁨 |
| 사용자인터페이스〉버튼 | | 버튼_슬픔 |
| 사용자인터페이스〉버튼 | ≫ | 버튼_따분 |
| 사용자인터페이스〉버튼 | | 버튼_읽어주기버럭 |
| 레이아웃〉수평배치 | | |
| Charts〉Chart | | |
| Charts〉ChartData2D | | |
| 사용자인터페이스〉버튼 | | 버튼_초기화 |

## 02 컴포넌트 속성값을 설정합니다.

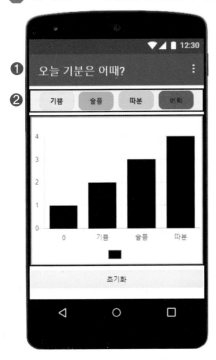

**❶ screen1**

제목: 오늘 기분은 어때?

**❷ 수평배치1**

수평정렬: 가운데:3
너비: 부모 요소에 맞추기

**❷-1 버튼_기쁨**

배경색: 노랑
글꼴굵게: 체크
너비: 20퍼센트
모양: 둥근 모서리
텍스트: 기쁨

**❷-2 버튼_슬픔**

배경색: 청록색
글꼴굵게: 체크
너비: 20퍼센트
모양: 둥근 모서리
텍스트: 슬픔

**❷-3 버튼_따분**

배경색: 주황
글꼴굵게: 체크
너비: 20퍼센트
모양: 둥근 모서리
텍스트: 따분

**❷-4 버튼_버럭**

배경색: 빨강
글꼴굵게: 체크
너비: 20퍼센트
모양: 둥근 모서리
텍스트: 버럭

**❸ 수평배치1**

수평정렬: 가운데:3
수직정렬: 가운데:2
너비: 부모 요소에 맞추기

**❸-1 Chart1**

LabelsFromString: 0,기쁨,슬픔,따분,버럭
LegendEnabled: 체크해제
유형: bar
XFromZero: 체크해제
YFromZero: 체크해제

**❹ 버튼_초기화**

너비: 부모 요소에 맞추기
텍스트: 초기화

## [블록]으로 코딩하기

**01** [Screen1.초기화되었을] 이벤트가 발생한 경우 ChartData2D1의 Colors값을 리스트로 초기화합니다.

**02** [변수] 전역변수 [기쁨합계] [슬픔합계] [따분합계] [버럭합계]를 초기화합니다.

**03** 차트를 갱신시켜주는 함수를 만듭니다.

**04** [버튼_기쁨.클릭했을때] 이벤트가 발생하면 [전역변수 기쁨합계]의 값을 1 증가시키고, 변경된 내용을 반영하기 위해 [차트새로그리기] 함수를 호출합니다.

**05** [버튼_슬픔.클릭했을때] 이벤트가 발생하면 [전역변수 슬픔합계]의 값을 1 증가시키고, 변경된 내용을 반영하기 위해 [차트새로그리기] 함수를 호출합니다.

**06** [버튼_따분.클릭했을때] 이벤트가 발생하면 [전역변수 따분합계]의 값을 1 증가시키고, 변경된 내용을 반영하기 위해 [차트새로그리기] 함수를 호출합니다.

**07** [버튼_버럭.클릭했을때] 이벤트가 발생하면 [전역변수 버럭합계]의 값을 1 증가시키고, 변경된 내용을 반영하기 위해 [차트새로그리기] 함수를 호출합니다.

**08** [버튼_초기화.클릭했을 때] 이벤트가 발생한 경우 전역변수를 초기화합니다.

전체 블록은 다음과 같습니다.

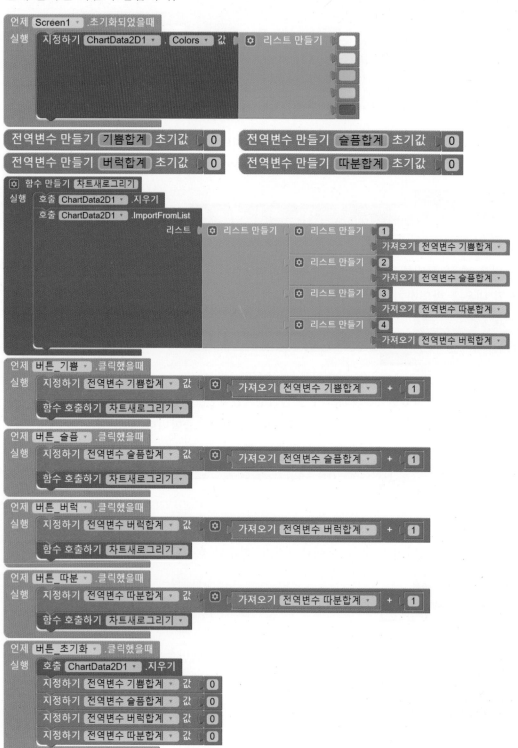

# 결과 확인

[연결] ─〉 [AI 컴패니언]을 클릭하여 스마트폰과 연결합니다.

결과를 확인합니다.

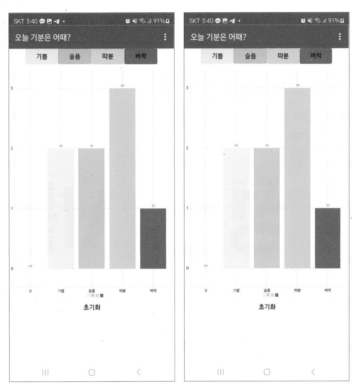

# CHAPTER

# 생성형 AI를
# 활용한 앱 만들기

# 16 작품

# 인공지능 사물인식 영어 사전 앱 만들기

주요기능 ▶ look extension

난이도 ▶ ★★☆☆☆

학습 목표
- 머신러닝 기반의 이미지분류 LookExtension을 활용하여 인공지능 사물인식 영어 사전 앱을 만들 수 있습니다.
- 웹뷰어를 이용하여 영어사전을 불러와 검색할 수 있습니다.

▶ 앱 실행 동작 영상 미리보기 QR코드    링크 주소 : http://nal.la/SjT5oX

## 앱화면 미리보기

## 앱 계획하기

**1** 이미지분류 모델인 LookExtension 확장 기능을 추가합니다.

**2** 사진을 찍으면 사물이 검출됩니다.

**3** 검출된 사물로 영어사전으로 연결하여 검색합니다.

## 앱 인벤터 프로젝트 만들기

**01** Ai_objDictionary 이름으로 프로젝트를 생성합니다.

**02** 확장기능에 필요한 파일을 다운로드하기 위해 [도움말]-[확장기능]을 클릭합니다.

**03** 확장기능 LookExtension을 다운로드 받습니다.

"C:₩Downloads₩LookExtension-20181124.aix"에 다운로드 된 것을 확인합니다.

## Supported:

| Name | Description | Author | Version | Download .aix File | Source Code |
|------|-------------|--------|---------|---------------------|-------------|
| BluetoothLE | Adds as Bluetooth Low Energy functionality to your applications. See IoT Documentation and Resources for more information. | MIT App Inventor | 20240822 | BluetoothLE.aix | Via GitHub |
| FaceMeshExtension | Estimate face landmarks with this extension. | MIT App Inventor | 20210405 | Facemesh.aix | Via GitHub |
| LookExtension | Adds object recognition using a neural network compiled into the extension. | MIT App Inventor | 20181124 | LookExtension.aix | Via GitHub |
| Microbit | Communicate with micro:bit devices using Bluetooth low energy (needs BluetoothLE extension above). | MIT App Inventor | 20200518 | Microbit.aix | Via GitHub |
| PersonalAudioClassifier | Use your own neural network classifier to recognize sounds with this extension. | MIT App Inventor | 20200904 | PersonalAudioClassifier.aix | Via GitHub |
| PersonalImageClassifier | Use your own neural network classifier to recognize images with this extension. | MIT App Inventor | 20210315 | PersonalImageClassifier.aix | Via GitHub |
| PosenetExtension | Estimate pose with this extension. | MIT App Inventor | 20200226 | Posenet.aix | Via GitHub |

## [디자이너] 앱 화면 구성하기

## 확장기능 추가하기

**01** 확장기능을 추가하기 위해서 [확장기능]에서 확장기능 추가하기를 클릭합니다.

**02** [파일 선택]을 클릭합니다.

**03** 다운 받아 놓은 위치를 찾아 LookExtension-20181124.aix를 선택합니다.([제공자료]/[Ai_objDictionary]/LookExtension-20181124.aix에서도 확장파일 제공됩니다.)

**04** 파일을 불러온 후 [import] 버튼을 클릭한 후 확장기능을 추가합니다.

※ 추가시 1~2분 정도 시간이 소요됩니다.

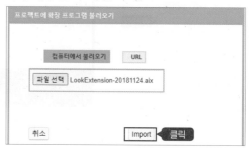

**05** LookExtension 확장기능이 추가된 것을 확인합니다.

## 컴포넌트 추가하기

**01** 앱 화면 구성을 위한 컴포넌트 추가하고, 기능에 맞는 이름으로 변경합니다. 보이지 않는 컴포넌트 LookExtension 추가된 것을 확인합니다.

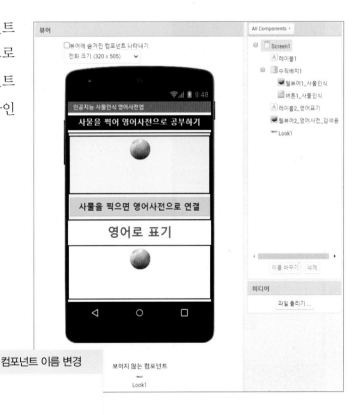

| 추가 컴포넌트 | | 컴포넌트 이름 변경 |
|---|---|---|
| 사용자인터페이스〉레이블1 | | |
| 레이아웃〉수평배치1 | | |
| 사용자인터페이스〉웹뷰어1 | » | 웹뷰어1_사물인식 |
| 사용자인터페이스〉버튼1 | | 버튼1_사물인식 |
| 사용자인터페이스〉레이블2 | | 레이블2_영어표기 |
| 사용자인터페이스〉웹뷰어2 | | 웹뷰어2_영어사전 검색용 |
| 확장기능〉Look1 | | |

## 02 컴퍼넌트 속성값을 설정합니다.

**❶ screen1**

제목: 인공지능 사물인식 영어 사전 앱

**❷ 레이블1**

배경색: 검은색
글꼴굵게: ∨
글꼴크기: 19
높이: 7%
너비: 부모요소에 맞추기
텍스트: 사물을 찍어 영어사전으로 공부하기

**❸ 수직배치1**

너비: 부모요소에 맞추기

**❸-1 웹뷰어1_사물인식**

높이: 30%

**❸-2 버튼1_사물인식**

배경색: 주황
글꼴굵게: ∨
글꼴크기: 20
너비: 부모요소에 맞추기
텍스트: 사물을 찍으면 영어사전으로 연결

**❹ 레이블2_영어표기**

글꼴굵게: ∨
글꼴크기: 30
높이 – 40 픽셀
너비 – 부모요소에 맞추기
텍스트 – 영어로 표기

**❺ 웹뷰어2_영어사전_검색용**

높이: 부모요소에 맞추기
너비: 부모요소에 맞추기

**❻ Look1**

InputMode : Video
WebViewer: 웹뷰어1_사물인식

## [블록]으로 코딩하기

**01** [공통 블록]에서 [변수]를 클릭 후 [전역변수 만들기 초기값]을 뷰어에 놓은 후 '이미지 분류_영어사물명'으로 정한 후 초기 값을 ["]로 선언합니다.

> 전역변수 만들기 `이미지분류_영어사물명` 초기값 `' '`

**02** [버튼1_사물인식]을 클릭했을 때 사물을 분류하는 모델을 호출합니다.

> 언제 `버튼1_사물인식 ▼` .클릭했을때
> 실행   호출 `Look1 ▼` .ClassifyVideoData

**03** 객체를 분류하여 검출한 후 [결과]값 안에서 필요한 데이터를 가져와 [전역변수 이미지 분류_영어사물명]에 저장합니다. [레이블2_영어표기]에 값을 보여주고, 네이버 영어사전으로 검색합니다.

웹뷰어.URl 값은 https://en.dict.naver.com/#/search?query='[전역변수 이미지분류_영어사물명]'입니다.

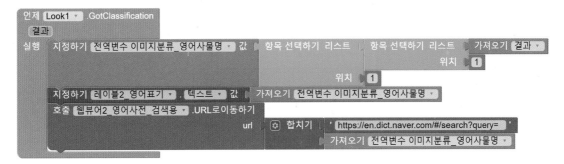

**04** [블록]을 완성하였습니다.

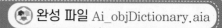

조건에 맞게 차례대로 코딩하여 코드를 완성합니다.

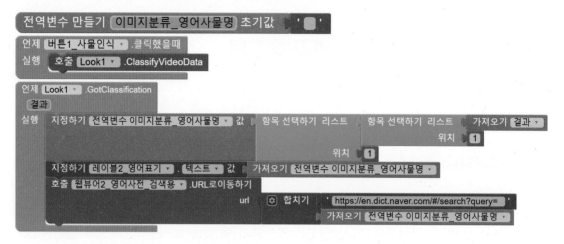

## 결과 확인

[연결] –〉 [AI 컴패니언]을 클릭하여 스마트폰과 연결합니다.

결과를 확인합니다.

# 17 작품

# 무슨 물건인지 알려줘 앱 만들기

주요기능 ▶ look extension, 음성변환             난이도 ▶ ★★★☆☆

**학습 목표**  LookExtension을 이용하여 카메라로 어떤 물건인지 검출하고 검출된 객체를 음성으로 출력해보도록 합니다.

▶ 앱 실행 동작 영상 미리보기 QR코드   링크 주소 : http://nal.la/jglYLD

## 앱화면 미리보기

## 앱 계획하기

**1** 객체를 검출하는 LookExtension을 추가합니다.

**2** 버튼을 누르면 객체를 검출합니다.

**3** 검출된 결과를 한글로 변환후 음성으로 출력합니다.

## 미리 준비하기

### 이미지 준비하기

[제공자료]의 [Tell_me_what_it_is] 폴더에서 물음표 이미지인 [image1.png] 이미지 파일을 준비합니다.

## 앱 인벤터 프로젝트 만들기

Tell_me_what_it_is 이름으로 앱 인벤터 프로젝트를 생성합니다.

## [디자이너] 앱 화면 구성하기

### 확장기능 추가하기

**01** [도움말] 탭에서 [확장기능]을 클릭합니다.

**02** LookExtension 확장을 다운로드 받습니다.

## Supported:

| Name | Description | Author | Version | Download .aix File | Source Code |
|------|-------------|--------|---------|--------------------|-------------|
| BluetoothLE | Adds as Bluetooth Low Energy functionality to your applications. See IoT Documentation and Resources for more information. | MIT App Inventor | 20240822 | BluetoothLE.aix | Via GitHub |
| FaceMeshExtension | Estimate face landmarks with this extension | MIT App Inventor | 20210405 | Facemesh.aix | Via GitHub |
| LookExtension | s object recognition using a neural network compiled into the extension | MIT App Inventor | 20181124 | LookExtension.aix | GitHub |
| Microbit | Communicate with micro:bit devices using Bluetooth low energy (needs BluetoothLE extension above). | MIT App Inventor | 20200518 | Microbit.aix | Via GitHub |
| PersonalAudioClassifier | Use your own neural network classifier to recognize sounds with this extension. | MIT App Inventor | 20200904 | PersonalAudioClassifier.aix | Via GitHub |
| PersonalImageClassifier | Use your own neural network classifier to recognize images with this extension. | MIT App Inventor | 20210315 | PersonalImageClassifier.aix | Via GitHub |
| PosenetExtension | Estimate pose with this extension. | MIT App Inventor | 20200226 | Posenet.aix | Via GitHub |
| TeachableMachine | Use vision models trained in TeachableMachine with your device's camera. | MIT App Inventor | 1 | TeachableMachine.aix | Via GitHub |

LookExtension **①** 클릭
LookExtension.aix **②** 클릭

**03** 앱인벤터의 [확장기능]에서 확장기능 추가하기를 클릭합니다.

확장기능
확장기능 추가하기 ◀ 클릭

**04** [파일 선택]을 클릭합니다.

프로젝트에 확장 프로그램 불러오기

컴퓨터에서 불러오기    URL

파일 선택 ◀ 클릭 을

취소              Import

**05** 다운로드 받은 LookExtension 확장파일을 선택 후 [열기]를 클릭합니다.

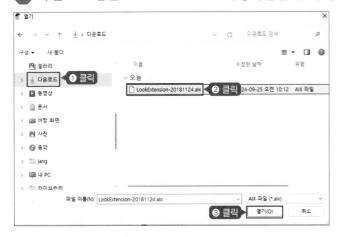

다운로드 **①** 클릭
LookExtension-20181124.aix **②** 클릭
**③** 클릭 열기(O)

**06** [Import]를 클릭하여 확장기능을 추가합니다.

**07** 확장기능이 추가되었습니다.

## 화면 크기 조절하기

**01** [태블릿 크기]로 뷰어의 화면에 보여지는 화면의 크기를 크게 조정합니다. 기존 스마트
폰 화면으로 할 경우 화면 아래가 보이지 않아 화면을 구성하는데 어렵습니다.

## 컴포넌트 추가하기

**01** 앱 화면 구성을 위한 컴포넌트 추가하고, 기능에 맞는 이름으로 변경합니다.
보이지 않는 컴퍼넌트 Look1, Translator1, 음성변환1 을 추가합니다.

| 추가 컴포넌트 | 컴포넌트 이름 변경 |
|---|---|
| 레이아웃〉수평배치1 | |
| 사용자인터페이스〉레이블1 | |
| 사용자인터페이스〉이미지1 | |
| 레이아웃〉수평배치2 | |
| 사용자인터페이스〉웹뷰어1 | |
| 레이아웃〉수평배치3 | |
| 사용자인터페이스〉버튼1 | 버튼_사진찍기 |
| 레이아웃〉수평배치4 | |
| 사용자인터페이스〉버튼2 | 버튼_카메라변경 |
| 레이아웃〉수평배치5 | |
| 사용자인터페이스〉레이블2 | 레이블_결과 |
| 확장기능〉Look1 | |
| 미디어〉Translator1 | |
| 미디어〉음성변환1 | |

## 02 컴퍼넌트 속성값을 설정합니다.

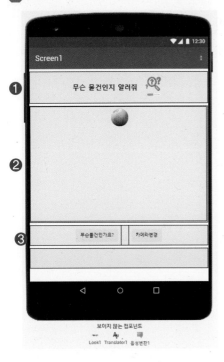

### ❶ 수평배치1

수평정렬: 가운데3
수직정렬: 가운데2
높이: 80픽셀

### ❶-1 레이블1

글꼴크기: 20
텍스트: 무슨 물건인지 알려줘

### ❶-2 이미지1

높이: 60픽셀
너비: 60픽셀
사진: image1.png

### ❷ 수평배치2

높이: 300픽셀
너비: 부모 요소에 맞추기

### ❷-1 웹뷰어1

설정은 수정하지 않음

### ❸ 수평배치3

수평정렬: 가운데3
수직정렬: 가운데2
높이: 50픽셀

### ❸-1 버튼_사진찍기

텍스트: 무슨물건인가요?

### ❸-2 수평배치4

너비: 20픽셀

### ❸-3 버튼_카메라변경

텍스트: 카메라변경

### ❹ 수평배치5

수평정렬: 가운데3
수직정렬: 가운데2
높이: 50픽셀

### ❺ Look1

설정은 수정하지 않음

### ❻ Translator1

설정은 수정하지 않음

### ❼ 음성변환1

설정은 수정하지 않음

# [블록]으로 코딩하기

**01** [버튼_사진찍기]를 클릭햇을 때 분류하는 모델을 호출합니다.

```
언제 버튼_사진찍기 ▼ .클릭했을때
실행   호출 Look1 ▼ .ClassifyVideoData
```

**02** [버튼_카메라변경]을 클릭했을 때 전면, 후면 카메라를 변경합니다.

```
언제 버튼_카메라변경 ▼ .클릭했을때
실행   호출 Look1 ▼ .ToggleCameraFacingMode
```

**03** 객체를 검출 후에 결과를 한글로 변경합니다.

```
언제 Look1 ▼ .GotClassification
  결과
실행   호출 Translator1 ▼ .번역요청하기
              번역언어코드   ' ko '
              번역할텍스트   항목 선택하기 리스트   항목 선택하기 리스트   가져오기 결과 ▼
                                                            위치   1
                                       위치   1
```

**04** 번역완료 후 결과를 [레이블_결과]에 출력하고 음성으로 출력합니다.

```
언제 Translator1 ▼ .번역을받았을때
  응답코드   번역
실행   지정하기 레이블_결과 ▼ . 텍스트 ▼ 값   ⚙ 합치기   ' 이물건은: '
                                              가져오기 번역 ▼
                                              ' 입니다. '
       호출 음성변환1 ▼ .말하기
              메시지   ⚙ 합치기   ' 이물건은 '
                              가져오기 번역 ▼
                              ' 입니다. '
```

조건에 맞게 차례대로 코딩하여 코드를 완성합니다.

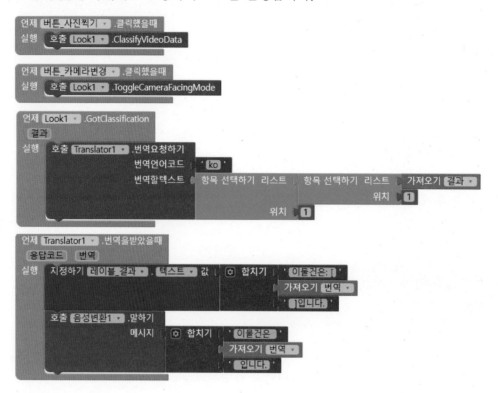

## 결과 확인

[연결] → [AI 컴패니언]을 클릭하여 스마트폰과 연결합니다. 결과를 확인합니다.

[무슨물건인가요?] 버튼을 클릭하여 무슨물건인지 확인합니다. 결과는 한글 음성으로도 출력됩니다. 카메라를 변경하고 싶다면 [카메라변경] 버튼으로 카메라를 변경합니다.

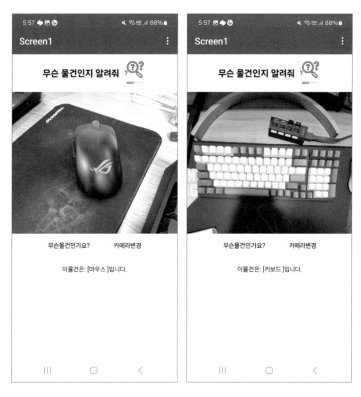

## TIP  뤼튼으로 이미지 생성하기

뤼튼을 이용하여 무료로 이미지 생성하는 방법에 대해서 알아봅니다.

**01** 구글에서 뤼튼을 검색 후 뤼튼 사이트에 접속합니다.

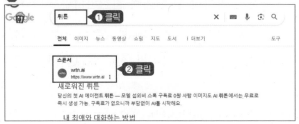

**02** 로그인 후 질문에서 [AI 이미지]를 선택합니다.

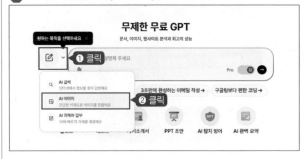

**03** AI로 이미지를 생성할 수 있습니다.

**04** 생성하고 싶은 이미지를 입력 후 [이미지를 생성해줘], [그림을 그려줘] 등 이미지를 생성하는 프롬프트를 입력하여 이미지를 생성할 수 있습니다.

# 18 작품

# 인공지능 지폐 분류기 앱 만들기

주요기능 ▶ PIC,음성변환,카메라          난이도 ▶ ★★★☆☆

학습
목표
• 사용자 이미지 분류기(Personal Image Classifier)를 이용하여 지폐 이미지를 학습시켜 인공지능 [지폐 이미지 분류 모델]을 만들 수 있습니다.
• 직접 만든 [지폐 이미지 분류 모델]을 이용하여 인공지능 지폐분류기 앱을 만들 수 있습니다.

▶ 앱 실행 동작 영상 미리보기 QR코드 [QR] 링크 주소 : http://nal.la/KAVjzx

## 앱화면 미리보기

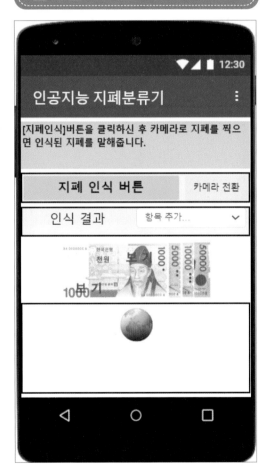

## 앱 계획하기

1️⃣ 지폐를 인식하여 분류하는 지폐이미지분류 모델을 만듭니다.

2️⃣ PIC 확장기능을 추가한 후 지폐이미지분류 모델을 연결합니다.

3️⃣ [지폐 인식] 버튼을 클릭한 후 카메라로 지폐를 찍으면 분류됩니다.

4️⃣ 인식 결과에 결과값이 텍스트로 보여지고 스피너에 인식된 신뢰도를 볼 수 있습니다.

5️⃣ 결과 값을 말해 줍니다.

## 미리 준비하기

### 이미지 준비하기

[제공자료]의 [Ai_donChk] 폴더에서 지폐이미지인 [AI_donChk.jpg] 이미지 파일을 준비합니다.

### 이미지분류모델 준비하기

**01** https://classifier.appinventor.mit.edu/ 사이트에 접속합니다.
처음 접속할 때 웹캠 사용 권한을 묻는다면 허용해 주세요.

**02** [+]를 클릭한 후 분류 레이블 [Create New Label]을 추가합니다.

**03** [+]를 클릭하여 4개의 분류 레이블을 추가합니다. 각 각의 레이블의 이름을 천원, 오천원, 만원, 오만원으로 생성합니다.

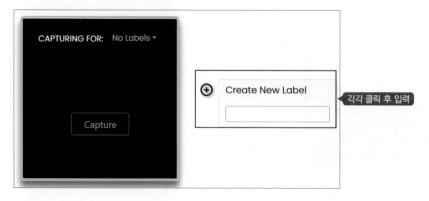

**04** [오만원]을 선택 한 후 카메라에 오만원 지폐를 인식시킵니다.

[Capture] 버튼을 눌러 오만원 지폐의 이미지 30개를 입력합니다.

(데이터를 많이 입력할수록 정확한 이미지분류 모델을 만들 수 있습니다.)

**05** 같은 방법으로 천원, 오천원, 만원 지폐별 30개씩 데이터를 입력합니다.

**06** 데이터 입력을 마치면 오른쪽 상단의 [Train] 버튼을 눌러 데이터를 학습시킵니다.

**07** 데이터를 학습시켜 지폐분류모델을 만드는 동안 잠시 기다립니다.

Training model... loss: 0.00165

**08** 데이터를 학습시킨 후 분류 결과를 테스트합니다. 테스트할 지폐를 놓고 [Capture]를 누릅니다. 각 레이블에 마우스를 갖다 대면 신뢰도가 나타납니다. 신뢰도가 높은 레이블이 분류 결과값이 됩니다.

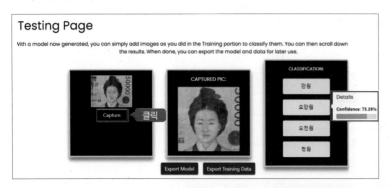

**09** 테스트 결과값을 한눈에 볼 수도 있습니다. 데이터를 많이 학습시킬수록 정확한 결과값을 얻을 수 있습니다.

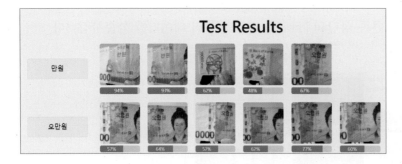

**10** [Export Model]을 클릭하여 이미지 분류 모델을 내려받습니다.
"C:₩Downloads₩model.mdl"을 확인합니다. model.mdl의 파일명을 AI_donchk.mdl로 수정하여 보관합니다.

※ [제공자료]의 [Ai_donChk] 폴더에서 [AI_donChk.mdl] 파일이 제공됩니다.

**11** 지폐이미지분류 모델을 완성했습니다.

## 앱 인벤터 프로젝트 만들기

**01** Ai_donChk 이름으로 앱 인벤터 프로젝트를 생성합니다.

**02** 사용자 이미지 분류기(Personal Image Classifier) 확장기능을 이용하기 위해 [도움말]-[확장기능]을 클릭합니다.

**03** Personal Image Classifier.aix 파일을 다운로드합니다. "C:\Downloads\PersonalImageClassifier.aix"에 또는 지정된 폴더에 다운로드 된 것을 확인합니다.

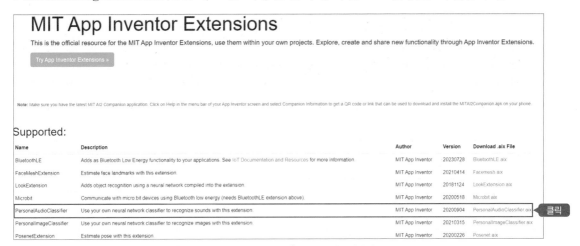

※ [제공자료]의 [Ai_donChk] 폴더에서 [PersonalImageClassifier.aix] 파일이 제공됩니다.

## [디자이너] 앱 화면 구성하기

## 확장기능 추가하기

**01** 확장기능을 추가하기 위해서 [확장기능]에서 [확장기능 추가하기]를 클릭합니다.

**02** [파일 선택]을 클릭합니다.

**03** 다운 받아 놓은 위치를 찾아 PersonalImageClassifier.aix를 선택합니다.
( [제공자료]/[Ai_donChk]/PersonalImageClassifier.aix에서도 확장파일 제공됩니다. )

**04** 파일을 불러온 후 [import] 버튼을 클릭한 후 확장기능을 추가합니다.

※ 추가시 1~2분 정도 시간이 소요됩니다.

**05** PersonalImageClassifier가 추가된 것을 확인합니다.

## 컴퍼넌트 추가하기

**01** 앱 화면 구성을 위한 컴포넌트 추가하고, 기능에 맞는 이름으로 변경합니다.
보이지 않는 컴퍼넌트 PersonalImageClassifier1, 카메라1, 음성변환1을 추가합니다.

| 추가 컴포넌트 | | 컴포넌트 이름 변경 |
|---|---|---|
| 사용자인터페이스>레이블1 | | 레이블_안내 |
| 레이아웃>수평배치1 | | |
| 사용자인터페이스>버튼1 | | 버튼1_지폐인식 |
| 사용자인터페이스>버튼2 | | 버튼2_카메라전환 |
| 레이아웃>수평배치2 |  | |
| 사용자인터페이스>레이블2 | | 레이블2_인식결과 |
| 사용자인터페이스>스피너1 | | 스피너1_인식결과 |
| 사용자인터페이스>이미지1 | | |
| 사용자인터페이스>웹뷰어1 | | |
| 확장기능>PersonalImageClassifier1 | | |
| 미디어>카메라1 | | |
| 미디어>음성변환1 | | |

**02** 컴퍼넌트 속성값을 설정합니다.

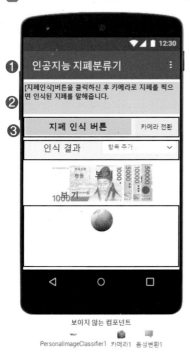

**❶ screem1**

제목: 인공지능 지폐인식기

**❷ 레이블1_안내**

배경색: 밝은 회색
글꼴크기: 15
높이: 60픽셀
너비: 부모요소에 맞추기
텍스트: [지폐인식] 버튼을 클릭하신 후 카메라로 지폐를 찍으면 인식된
　　　　지폐를 말해줍니다.

**❸ 수평배치1**

수평정렬: 가운데
수직정렬: 가운데
높이: 10퍼센트
너비: 부모요소에 맞추기

**❸-1 버튼1_지폐인식**

배경색: 주황
글꼴굵게: ∨
글꼴 크기: 20
높이: 부모요소에 맞추기
너비: 부모요소에 맞추기
텍스트: 지폐인식
텍스트 정렬: 가운데

**❸-2 버튼2_카메라전환**

글꼴 크기: 14
너비- 부모요소에 맞추기

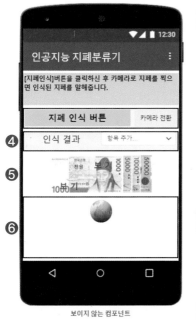

**❹ 수평배치2**

수평정렬: 가운데
수직정렬: 위
높이: 10퍼센트
너비: 부모요소에 맞추기

**❹-1 레이블2_인식결과**

글꼴크기: 20
높이 - 부모요소에 맞추기
너비 - 부모요소에 맞추기
텍스트 - 인식결과
텍스트 정렬 - 가운데

**❹-2 스피너_인식결과**

너비- 부모요소에 맞추기
프롬프트 - 인식 결과

**❺ 이미지1**

높이: 20퍼센트
너비: 부모요소에 맞추기
사진:[제공자료]/[Ai_donChk]/donChk.jpg

**❻ 웹뷰어1**

높이: 부모요소에 맞추기
너비: 부모요소에 맞추기

**❼ PersonalImageClassifier1**

Model:[제공자료]/[Ai_donChk]/AI_donChk.mdl
WebViewer: 웹뷰어1

**❽ 카메라1 ❾ 음성변환1**

속성 변동 없음

## [블록]으로 코딩하기

**01** [버튼1_지폐인식] 버튼을 클릭했을 때, [공통 블록] 창에서 [텍스트]를 선택한 후 ["]블록을 [PersonalImageClassifier1.InputMode] 값에 연결합니다. ["] 값을 [image]로 수정합니다. [버튼_카메라전환.활성화] 값을 거짓으로 바꾸고 [카메라1. 사진찍기]를 호출하여 사진을 찍습니다.

**02** 사진으로 찍은 [이미지]를 [사용자분류이미지데이터]로 분류합니다.

**03** [사용자이미지분류기]를 통해 얻은 결과값을 가져옵니다. [결과]값 안에서 필요한 데이터를 갖고 와 [레이블2_ 인식결과.텍스트 값]에 지정하여 값을 보여줍니다.

[음성변환1.말하기] 함수를 호출하여 인식결과를 말하게 합니다. 인식된 결과값을 스피너로 볼 수 있도록 [스피너_인식결과.요소] 값을 지정합니다.

**04** [버튼2_카메라전환]을 클릭했을 때 카페라를 전환합니다.

**05** 모든 코드를 완성하였습니다.

## 완성된 전체 블록 코드 보기

 완성 파일 ▶ Ai_donChk.aia

조건에 맞게 차례대로 코딩하여 코드를 완성합니다.

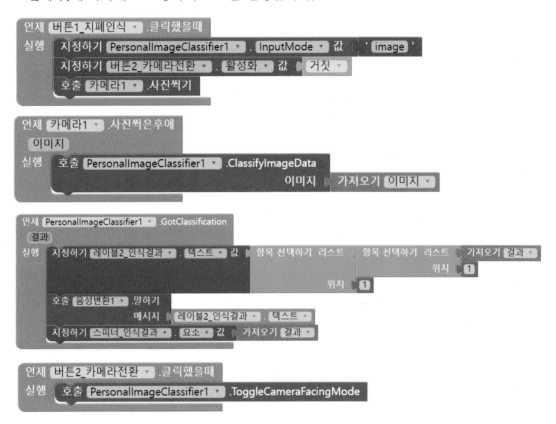

# 결과 확인

[연결] −〉 [AI 컴패니언]을 클릭하여 스마트폰과 연결합니다.

결과를 확인합니다.

# 19 작품

# 터처블머신을 활용한 분리수거 앱 만들기

**주요기능** ▸ 티처블머신으로 데이터 학습 후 분류  **난이도** ▸ ★★★☆☆

**학습 목표** 티처블머신을 이용하여 데이터를 학습하고 모델을 생성하여 생성된 모델을 활용하여 유리, 캔, 플라스틱을 분류하는 인공지능앱을 만들어봅니다.

▶ 앱 실행 동작 영상 미리보기 QR코드  링크 주소 : http://nal.la/wwPssH

## 앱화면 미리보기

## 앱 계획하기

1 티처블머신을 이용하여 모델을 학습합니다.

2 버튼을 누르면 학습된 모델을 이용하여 분류합니다.

3 분류된 결과를 출력합니다.

## 미리 준비하기

## 이미지 준비하기

**01** 구글에서 픽사베이를 검색 후 사이트에 접속합니다.

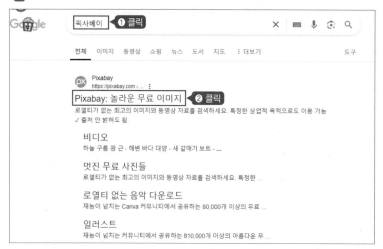

**02** 픽사베이 사이트입니다. 유리, 캔, 플라스틱을 검색 후 각 사진을 10장가량 다운로드 받습니다.

**03** 다운로드 받을 사진을 클릭합니다.

**04** [다운로드]를 클릭하여 사진을 다운로드 받을 수 있습니다.

**05** 다운로드 받은 사진을 유리, 캔, 플라스틱 폴더로 정리합니다.

## 티처블머신 모델만들기

**01** 티처블머신을 검색 후 사이트에 접속합니다.

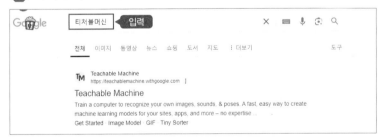

**02** [시작하기]를 클릭합니다.

**03** [이미지 프로젝트]를 클릭합니다.

**04** 표준 이미지 모델을 선택합니다.

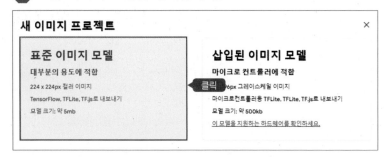

**05** 유리, 캔, 플라스틱을 분류할 것으로 3개의 클래스가 필요로 하여 클래스 추가 버튼을 눌러 하나 더 추가합니다.

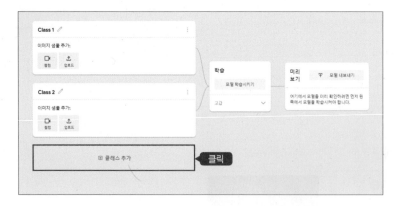

**06** 이름을 glass, can, plastic으로 변경합니다. 이름에 한글은 사용할 수 없습니다.

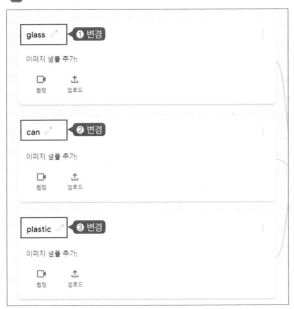

**07** [업로드]를 클릭 후 파일에서 이미지를 선택합니다.

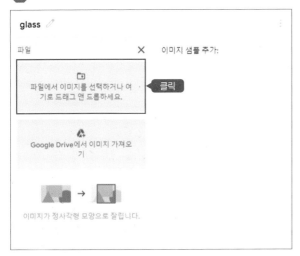

**08** glass(유리), can(캔), plastic(플라스틱)에 맞는 이미지를 업로드 후 [모델 학습시키기]를 클릭하여 모델을 학습합니다.

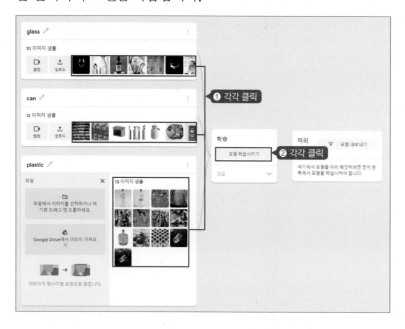

**09** 학습 완료 후 [모델 내보내기]를 클릭합니다.

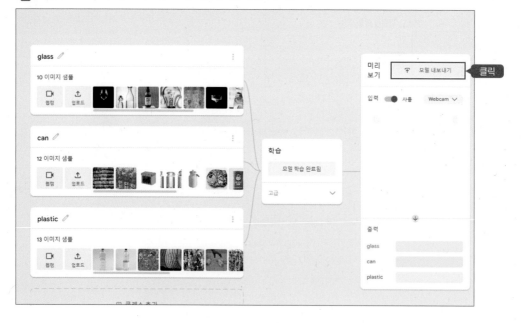

**10** [모델 업로드]를 클릭하여 생성된 모델을 업로드합니다.

**11** 공유 가능한 링크를 복사해둡니다. 앱인벤터에서 링크주소를 이용하여 모델에 접근이 가능합니다.

## 앱 인벤터 프로젝트 만들기

Help_me_separate_my_trash 이름으로 앱 인벤터 프로젝트를 생성합니다.

## [디자이너] 앱 화면 구성하기

## 티처블머신 확장 추가하기

**01** [도움말]에서 [확장기능]을 클릭합니다.

**02** TeachableMachine 확장기능을 다운로드 받습니다.

## Supported:

| Name | Description | Author | Version | Download .aix File | Source Code |
|------|-------------|--------|---------|--------------------|-------------|
| BluetoothLE | Adds as Bluetooth Low Energy functionality to your applications. See IoT Documentation and Resources for more information. | MIT App Inventor | 20240822 | BluetoothLE.aix | Via GitHub |
| FaceMeshExtension | Estimate face landmarks with this extension. | MIT App Inventor | 20210405 | Facemesh.aix | Via GitHub |
| LookExtension | Adds object recognition using a neural network compiled into the extension. | MIT App Inventor | 20181124 | LookExtension.aix | Via GitHub |
| Microbit | Communicate with micro:bit devices using Bluetooth low energy (needs BluetoothLE extension above). | MIT App Inventor | 20200518 | Microbit.aix | Via GitHub |
| PersonalAudioClassifier | Use your own neural network classifier to recognize sounds with this extension. | MIT App Inventor | 20200904 | PersonalAudioClassifier.aix | Via GitHub |
| PersonalImageClassifier | Use your own neural network classifier to recognize images with this extension. | MIT App Inventor | 20210315 | PersonalImageClassifier.aix | Via GitHub |
| PosenetExtension | Estimate pose with this extension. | MIT App Inventor | 20200226 | Posenet.aix | Via GitHub |
| TeachableMachine | Use vision models trained in TeachableMachine with your device's camera. | MIT App Inventor | 1 | TeachableMachine.aix | Via GitHub |

**03** 다운로드 받은 TeachableMachine 확장기능을 추가합니다.

## 컴퍼넌트 추가하기

**01** 앱 화면 구성을 위한 컴포넌트 추가하고, 기능에 맞는 이름으로 변경합니다.
보이지 않는 컴퍼넌트 TeachableMachine을 추가합니다.

| 추가 컴포넌트 | 컴포넌트 이름 변경 |
|---|---|
| 레이아웃〉수평배치1 | |
| 사용자인터페이스〉레이블1 | |
| 레이아웃〉수평배치2 | |
| 사용자인터페이스〉웹뷰어1 | |
| 레이아웃〉수평배치3 | |
| 사용자인터페이스〉버튼1 | 버튼_분류하기 |
| 레이아웃〉수평배치4 | |
| 사용자인터페이스〉버튼2 | 버튼_카메라변경 |
| 레이아웃〉수평배치5 | |
| 사용자인터페이스〉레이블2 | 레이블_결과 |
| 확장기능〉TeachableMachine1 | |

**02** 컴퍼넌트 속성값을 설정합니다.

❶ 수평배치1

수평정렬: 가운데3
수직정렬: 가운데2
높이: 50픽셀

❷ 수평배치2

높이: 300픽셀
너비: 부모 요소에 맞추기

❸ 수평배치3

수평정렬: 가운데3
수직정렬: 가운데2
높이: 50픽셀

❶-1 레이블1

글꼴크기: 20
텍스트: 분리수거를 도와줘!

❷-1 웹뷰어1

설정은 수정하지 않음

❸-1 버튼_분류하기

텍스트: 도와줘!

❸-2 수평배치4

너비: 20픽셀

❸-3 버튼_카메라변경

텍스트: 카메라변경

❹ 수평배치5

수평정렬: 가운데3
수직정렬: 가운데2
높이: 100픽셀

❺ TeachableMachine1

ModelLink: 티처블머신에서 발급받은 웹주소
WebViewer: 웹뷰어1

## [블록]으로 코딩하기

**01** [버튼_분류하기]를 클릭하면 티처블머신의 분류비디오를 호출합니다.

언제 버튼_분류하기 ▼ .클릭했을때
실행 호출 TeachableMachine1 ▼ .ClassifyVideoData

**02** [버튼_카메라변경]을 클릭하면 전면, 후면 카메라를 변경합니다.

언제 버튼_카메라변경 ▼ .클릭했을때
실행 호출 TeachableMachine1 ▼ .ToggleCameraFacingMode

**03** 분류 완료 후 각각의 결과값의 %를 출력합니다.

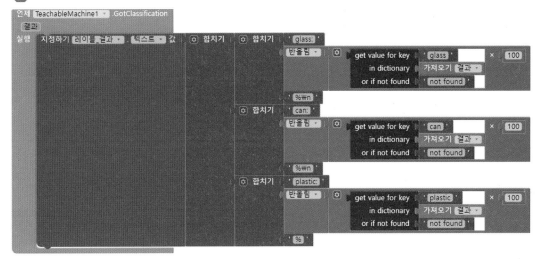

조건에 맞게 차례대로 코딩하여 코드를 완성합니다.

## 결과 확인

카메라를 이용하여 유리, 캔, 플라스틱을 [도와줘!] 버튼을 누른다음 사진을 찍고 분류합니다. 분류의 결과가 화면 아래 출력됩니다.

# 20 작품
# 날씨를 알려줘 앱 만들기

주요기능 ▶ 기상청RSS, 날씨를 음성으로 출력          난이도 ▶ ★★★★☆

학습
목표
날씨정보 RSS를 이용하여 날씨 정보에 접속하고 그 값에서 원하는 값만 분리하여
출력하는 방법에 대해서 알아봅니다.

▶️ 앱 실행 동작 영상 미리보기 QR코드    링크 주소 : ttp://nal.la/_wd6nV

## 앱화면 미리보기

## 앱 계획하기

1️⃣ 날씨를 알려줘 버튼을 생성합니다.

2️⃣ 날씨 RSS에서 정보를 분리합니다.

3️⃣ 온도, 습도, 날씨상태를 출력합니다.

## 미리 준비하기

### 이미지 준비하기

[제공자료]의 [Tell_me_the_weather] 폴더에서 비행기 이미지인 [image1.png] 이미지 파일을 준비합니다.

### 날씨정보 RSS 주소 받기

**01** 구글에서 날씨정보 rss를 검색 후 기상청 날씨누리 사이트에 접속합니다.

**02** 시도, 구군, 읍면동을 선택 후 [3시간별RSS]를 클릭합니다.

**03** 날씨 RSS로 주소를 복사합니다.

**04** RSS에 접속하면 아래와 같이 XML 형태로 데이터를 제공해줍니다.

```
This XML file does not appear to have any style information associated with it. The document tree is shown below.

▼<rss version="2.0">
  ▼<channel>
    <title>기상청 동네예보 웹서비스 - 강원특별자치도 강릉시 강남동 도표예보</title>
    <link>http://www.kma.go.kr/weather/main.jsp</link>
    <description>동네예보 웹서비스</description>
    <language>ko</language>
    <generator>동네예보</generator>
    <pubDate>2024년 09월 25일 (수)요일 14:00</pubDate>
  ▼<item>
    <author>기상청</author>
    <category>강원특별자치도 강릉시 강남동</category>
    <title>동네예보(도표) : 강원특별자치도 강릉시 강남동 [X=93,Y=131]</title>
    <link>http://www.kma.go.kr/weather/forecast/timeseries.jsp?searchType=INTEREST&dongCode=5115061500</link>
    <guid>http://www.kma.go.kr/weather/forecast/timeseries.jsp?searchType=INTEREST&dongCode=5115061500</guid>
  ▼<description>
    ▼<header>
        <tm>202409251400</tm>
        <ts>4</ts>
        <x>93</x>
        <y>131</y>
      </header>
    ▼<body>
      ▼<data seq="0">
          <hour>18</hour>
          <day>0</day>
          <temp>23.0</temp>
          <tmx>-999.0</tmx>
          <tmn>-999.0</tmn>
          <sky>4</sky>
          <pty>0</pty>
          <wfKor>흐림</wfKor>
          <wfEn>Cloudy</wfEn>
          <pop>30</pop>
          <r12>0.0</r12>
          <s12>0.0</s12>
          <ws>1.3</ws>
          <wd>3</wd>
          <wdKor>남동</wdKor>
          <wdEn>SE</wdEn>
          <reh>85</reh>
          <r06>0.0</r06>
          <s06>0.0</s06>
```

## 앱 인벤터 프로젝트 만들기

Tell_me_the_weather 이름으로 앱 인벤터 프로젝트를 생성합니다.

## [디자이너] 앱 화면 구성하기

### 컴퍼넌트 추가하기

**01** 앱 화면 구성을 위한 컴포넌트 추가하고, 기능에 맞는 이름으로 변경합니다.

| 추가 컴포넌트 | | 컴포넌트 이름 변경 |
|---|---|---|
| 레이아웃〉수평배치1 | | |
| 사용자인터페이스〉이미지1 | | |
| 레이아웃〉수평배치2 | | |
| 사용자인터페이스〉버튼1 |  | 버튼_날씨를말해줘 |
| 레이아웃〉수평배치3 | | |
| 사용자인터페이스〉레이블1 | | 레이블_날씨정보 |
| 연결〉웹1 | | |
| 미디어〉음성변환1 | | |

**02** 컴퍼넌트 속성값을 설정합니다.

**❶ 수평배치1**

수평정렬: 가운데3
수직정렬: 가운데2
높이: 100픽셀

**❷ 수평배치2**

높이: 80픽셀
너비: 부모 요소에 맞추기

**❸ 수평배치3**

수평정렬: 가운데3
수직정렬: 가운데2
높이: 50픽셀

**❶-1 이미지1**

높이: 80픽셀
너비: 80픽셀
사진: image1.png

**❶-2 이미지1**

높이: 60픽셀
너비: 60픽셀
사진: image1.png

**❷-1 버튼_분류하기**

텍스트: 날씨를 말해줘

**❸-1 레이블_날씨정보**

텍스트: 비워둠

## [블록]으로 코딩하기

**01** 함수를 만들고 이름을 "날씨정보가져오기"로 변경합니다.
XML형태의 데이터에서 원하는 값만 추출하는 함수입니다.

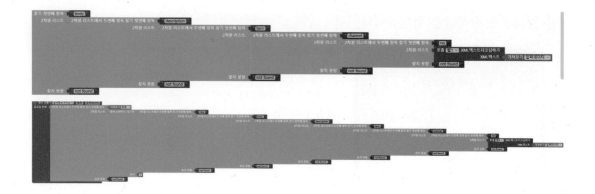

**02** 온도, 습도, 상태 전역변수를 추가합니다.

```
전역변수 만들기 온도 초기값   30
전역변수 만들기 습도 초기값   50
전역변수 만들기 상태 초기값   맑음
```

**03** [버튼_날씨를말해줘]를 클릭하면 기상청 RSS에 접속합니다.

```
언제 버튼_날씨를말해줘 ▼ 클릭했을때
실행   지정하기 웹1 ▼ . URL ▼ 값   https://www.kma.go.kr/wid/queryDFSRSS.jsp?zone=5...
       호출 웹1 ▼ .가져오기
```

**04** 웹에 접속하여 텍스트를 받으면 날씨정보가져오기 함수에서 원하는 데이터를 추출하여 전역변수에 저장하고 레이블_날씨정보에 입력합니다. 그리고 날씨 정보를 음성으로 출력합니다.

```
언제 웹1 ▼ .텍스트를받았을때
 url   응답코드   응답타입   응답콘텐츠
실행   지정하기 전역변수 온도 ▼ 값   call 날씨정보가져오기 ▼
                                          항목   temp
                                    입력데이터   가져오기 응답콘텐츠 ▼
       지정하기 전역변수 습도 ▼ 값   call 날씨정보가져오기 ▼
                                          항목   reh
                                    입력데이터   가져오기 응답콘텐츠 ▼
       지정하기 전역변수 상태 ▼ 값   call 날씨정보가져오기 ▼
                                          항목   wfKor
                                    입력데이터   가져오기 응답콘텐츠 ▼
       지정하기 레이블_날씨정보 ▼ . 텍스트 ▼ 값   ⚙ 합치기   현재 기온은
                                                          가져오기 전역변수 온도 ▼
                                                          도 습도는
                                                          가져오기 전역변수 습도 ▼
                                                          퍼센트 날씨상태는
                                                          가져오기 전역변수 상태 ▼
                                                          입니다.
       호출 음성변환1 ▼ .말하기
                  메시지   레이블_날씨정보 ▼ . 텍스트 ▼
```

## 완성된 전체 블록 코드 보기 · 완성 파일 ▶ Tell_me_the_weather.aia

조건에 맞게 차례대로 코딩하여 코드를 완성합니다.

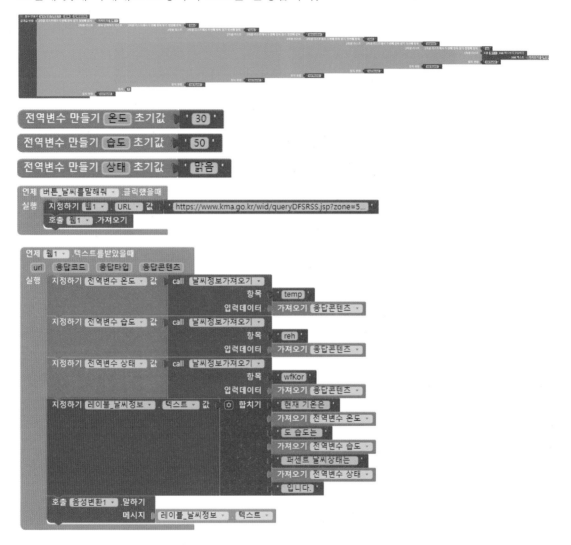

## 결과 확인

날씨를 말해줘 버튼을 클릭하면 기상청 RSS에 접속합니다. 온도, 습도, 날씨상태를 가져와
텍스트로 표시하고 음성으로 출력합니다